deya

從卡關中翻身

45則勵志故事翻轉人生窘境，
菜鳥、老鳥不可不知的
職場破關指南！

吳家德——著

獻給我的雙胞胎哥哥，家興

帶著您的祝福我繼續向前行

序言

LEVEL 1

破關指南1

勾勒自己的願景地圖

LEVEL 2

破關指南2

「罩得住」的人脈與人際

LEVEL 3

破關指南3

態度，最核心的通關密碼

LEVEL 4

破關指南4

工作之外，打造好感生活

【推薦序】

轉念，尋找那把獨特的破關鑰匙

田定豐
（種子音樂／豐文創創辦人、作家）

我們常說「態度」決定一切，但態度從何而來？我們應該要建立什麼樣的態度，才能在人生起伏的過程中，有真正的智慧和態度去面對？

其實，態度來自於你所接收到的觀念，而這些觀念通常也來自知識的傳遞，就像吳家德這本《從卡關中翻身：45則勵志故事翻轉人生窘境，菜鳥、老鳥不可不知的職場破關指南！》，正是在傳遞一個職場人，不管你是菜鳥或是老鳥，所應該具備的態度。

每一個人在職場生涯上一定會面臨各種難題和困境。即使如我在二十六歲時就創立了自己的唱片公司，簽下許多大牌歌手，成為業內人人稱羨的人生勝利組。也難免在十年之後，面臨產業革命時，把自己的人生也革掉的窘境，讓自己像坐雲霄飛車一樣地墜入谷底。在歷經二到三年谷底盤旋的痛苦和絕望，才學會「轉念」，從零開始重新攀上巔峰。

而這個「轉念」，正是這本書的核心精神，也是吳家德在這親身經歷的四十五個小故事裡，來給讀者的提醒和告訴讀者如何認識自己，從卡關中找到那把獨特的鑰匙，重新開啟人生的正面力量。

這本書沒有氾濫的口號，而是透過這些別人的小故事，去對照自己的生命，讓你在卡關的思考過程中，找到翻身的方法。

看著家德用自己的觀察和生命的經驗，化成一段段文字，來和讀者的職場經驗分享。這四十五個小故事不僅容易閱讀，也一定是你我都會遇到的問題投射。

它提供的不只是答案，更多是一種路徑。一個讓你知道破關的路徑，但是你得像這書中的許多人一樣，要帶著勇氣去改變，然後你就能看見自己從面對職場態度的不同到重新奮起的人生。

【推薦序】

儲存滿滿正能量的時光容器

周添財
（遠東國際商業銀行總經理）

時間是個容器，而家德的「時光容器」十分充實、豐富。

一段從台南到台北的尋常高鐵行程，別人購票上車、到站下車，至多在車程中補個眠、翻本商業雜誌，家德卻不滿足於僅是如此。當電車抵達台北車站時，盤點他的時光容器，硬是比早上出發時多納入了一位成功商業人士的私人分享、一段成為往後演講或出書的素材，以及一名使人脈網絡節點更四通八達的貴人。

而這一切收穫，並非他出發前即安排或設想好的，車上侃侃而談的成功人士，原本只是另一位也要北上的路人甲乘客。而行程不過才剛開始，相信待回到台南後，再盤點此行的成果，肯定是收穫滿行囊。

蘋果電腦創辦人賈伯斯生前出席史丹福大學的畢業典禮，致詞勉勵即將步入社會的菁英學子，希望他們永遠「求知若飢，虛心若愚」（Stay hungry，stay foolish）。而觀察家德，我發現他識人若渴，不僅博覽談話、社交等相關書籍，對周遭的人事更是充滿好奇。

他把握在不同場合有緣相遇的每一個人，把每一個人的人生故事都當成一本書閱讀，不論是初探方向的莘莘學子、基層打拚的上班族、銀行共事的夥伴，或是事業有成的大老闆、主持名人，甚至小店員、理髮師、計程車司機、牙醫師，他都主動開啟話匣子，進則積極趨前攀談，倘若對方一時不便，他不以為意卻也不輕言放棄，當下相約擇日喝咖啡再敘，並善用臉書或 LINE 連結，持續富足人脈存摺。

用熱情驅動世界，日起有功，一路用心經營走來，在人人平等的一日二十四小時、一年三百六十五日的時間容器裡，家德除了在職涯上晉升為一位帶領同仁必達績效的銀行經理，在生活中不時與友人聯手行善助人做公益，同時維持有紀律的慢跑習慣；更在公共領域方面，自我訓練成為受歡迎的演講者，開講紀錄突破百場，儼然成為專業級的講師，而今又躋身勵志圖書作者之列，充分體現遠東銀行財富管理與客戶所共同追求的「樂知、樂享、樂富」的富足樂活理念。

始終洋溢著正能量，使初識的人難以想像家德曾與大多數人一樣，是個內向、害羞的人，也因此，他的歷程更值得年輕讀者或上班族朋友參考、學習。身為金融職場的前輩，有幸共事，我樂見他對內、對外從不吝於分享，也從《從卡關中翻身：45則勵志故事翻轉人生窘境，菜鳥、老鳥不可不知的職場破關指南！》書中的小故事，得到不少共鳴。而我相信，年輕的朋友來日方長，一定可以從書中汲取更多的心法或方法，套用在處事與工作中，進而讓自己每一天、每一年的時光容器裡，裝載更豐富的人生寶物，不論是知識、技能、證書、體驗或是人脈，進而得以連結更多的機會，創造更多的可能性，逐步更上層樓。當熱情驅動夢想，點亮人生光景，屬於讀者的康莊大道就在前方！

【推薦序】

人脈谷哥搜尋引擎

謝文憲
（職場專欄作家、廣播主持人）

年輕人在職場闖關，制勝的關鍵到底是什麼？學歷？專業？證照？家世？外貌？熱情？態度？人脈？

我認為以上都可能是答案，吳家德，除了家世普通以外，他每一樣都做得很棒，尤其人脈，我都說他是「人脈谷哥搜尋引擎」。

邀約四次才接的演講

不是我有多大牌，而是宗教團體、各級學校、社團組織的演講風格與尺度，我真的很難掌控，平日已經非常忙碌的我，要是再被別人知道我有接非企業的演講，我肯定會忙翻天。

但我時常接到家德的電話，一下邀約我去哪個社團演講，一下是哪個大學，待會兒又是哪家銀行偏遠的活動，最後又拜託我去南部某個宗教團體演講，有時候我真覺得他還蠻閒的！

但大家可否想過，為何會有這麼多的單位拜託他找優質講師南下演講？

我想這就是答案了。

他的人脈超廣的，而且全是優質人脈，我不是說我自己啦，大家可以看看他書中所提及的名人與封面推薦人，家德全都以「利他」當出發點。

這就是家德無遠弗屆的地方，而且遍及全國、無所不在。

於是，這些年非企業演講我哪裡都不去，就去佛光山南台別院與台南大學，都是因為他的熱情邀約我才去的，而且都是鍥而不捨的約了第四次我才答應。

他為何可以擁有這般超能力呢？

書中的精華

我相信他的業務精神，緊咬不放的業務精神，絕對跟普通業務不一樣，他擁有的是人文素養十足的業務精神，有耐心、同理心、親和力，最後才是纏鬥力。

我想提提他的工作。

他是一位銀行的分行經理，KPI數字的壓力極大，加上面對Bank 3.0的浪潮下，仍有業務與作業單位的同仁需要帶領，面對高層的壓力與同仁的日常管理，光想就知道是一個很忙的工作，但是我看到的他，可以用四個字來形容：遊刃有餘。

不僅遊刃有餘，而且業績拔尖。

他可以到處演講、結交朋友、參加活動，還可以寫書，您就知道若非超人等級與內建強大CPU，很難進到這個等級，一般人早就卡關等死了。

他把自己二十年來職場的心得與精華，萃取出幾個重點：價值願景、人際關係、人生態度、工作外的鍛鍊，用許多的小故事串起這本書，非常容易閱讀，而且滿是韻味回甘，滋養不已。

這本《從卡關中翻身》，沒有太多心靈雞湯式的勵志言語，全是點滴小故事，我非常喜歡這樣的寫作方法。

年輕人要會訂便當

其中一個篇章家德提及與文史工作者謝哲青先生閒聊的小故事，深得我心。哲青與家德分享現今年輕人進入職場工作，可以先從學訂便當開始，認識每個人的飲食習慣，掌握大型專案的進度與方法，了解人際關係中許多微小眉角的應對，非常適合年輕人閱讀。

看完整本書，我想將本書推薦給以下三類讀者：

一、職場新鮮人，養成剛進入職場的好習慣，一生受用。

二、等待伯樂靠近，卻苦無機會翻身的好朋友們。

三、有意往職業生涯下個階段邁進，卻僅止於努力工作，不知道方法的朋友。

期許您跟我一樣，也能在這本書中找到職場破關不卡關的諸多指南。

【自序】

功不唐捐的人生

「功不唐捐」的意思是，「所有你努力的功夫，都不會白白浪費。」

我有一位認識多年的女生朋友，從國外念完商學研究所回來，在某國立大學擔任助理工作。因緣際會，認識一位在學校攻讀博士班的研究生。後來，他們熱戀了。

這位女孩，因為有到國外留學的關係，英文特好。而這位男生因為需要研讀原文的期刊論文與專業的理工科目，英文不好的他，有了這位女朋友從中的翻譯與陪讀，讓他的博士生涯得以順利畢業。

這位男生後來到了竹科的科技大廠上班，算是謀得一個好職務。而女孩也因為男友找到這份工作的原因，離開了助理的職務，轉當一位新婚人妻。

幾個月後，這位女孩雖然樂於當一位家庭主婦，但心中也渴望能有一份工作，讓她的職涯得以延續。

她應徵一份外商公司銷售工程師的職位。面試當天，主考官問了許多專業的理工問題，想不到這位念商學院的女孩幾乎都能對答如流，讓面試官有些訝異。追問之下，才知道當年這位女孩幫她以前的男友（現在的老公）陪讀時，竟也花了許多工夫研究與她人生應該一點關係都沒有的理工領域。

就是這個看似浪費時間，只為幫助伊人畢業的過程，竟是讓女孩多年後順利取得錄取率極低，薪水又頗高職務的關鍵。

當女孩回到台南與我見面敘舊，告訴我這個故事時，我首先想到的是「功不唐捐」這句話。而女孩也很認同我的想法，直呼這就是「功不唐捐」的最佳詮釋。

我在這本書想要傳達的重要精神，就是功不唐捐的人生。

你成功了，享受成功的果實；你失敗了，接受失敗的事實。這兩者都是好事。因為這都是生命中的必要經歷，沒有人只會一直成功，也沒有人只有失敗告終。認真的活在每個當下；好好的思索每個細節；快樂的回憶每個故事，都將為自己人生帶來不凡的況味。

「老天爺總是喜歡把禮物藏在問題裡。」當你能夠經由層層抽絲剝繭，將問題解決，拿到禮物時，這種感覺是最幸福的。而這本書的文字與故事，就是教你拿到人生禮物的破關指南。

書內分成四大篇章。第一步，教你如何勾勒屬於自己的職場願景地圖，按圖索驥，找到自己的天賦；第二步，用罩得住的人脈與人際，打通自己的任督二脈，讓職場成為樂園，玩得開心；第三步，按下最核心的通關密碼，就是「態度」。用熱情當燃料，驅動全世界；第四步，在工作之餘，打造好感的優質生活，讓生活多彩多姿。

解決問題沒有捷徑，只有途徑；只有方法，沒有魔法。這本書是我集二十年職場歷練之心得，我相信書中的故事與經驗，可以為你帶來啟發，讓自己輕而易舉找到職場桃花源，也能從卡關中翻身，讓美夢成真。

謝謝一群好友的齊力讚賞，願意為我寫推薦序及掛名推薦。也謝謝麥田出版社的秀梅與桓瑋，是他們的協助與指導，讓此書臻於完美。當然，我要最感謝的是廣大的讀者。有大家的支持與鼓勵，是我最大的前進動力。

關於您們，我永遠感恩。

LEVEL

1

破關指南 1

勾勒自己的願景地圖

你夠認識自己嗎？

初見小馬，直覺他靦腆笑容下有一份堅定的意志。

接近午後兩點，我走進位於芒果故鄉玉井的一間庭園餐廳用餐。剛結束玉井國中三年級的理財演講，便馬上驅車而至。會想再度到這家餐館的原因很簡單，因為兩年前來這裡吃過石鍋拌飯，滋味很棒，一直念念不忘。當然，今天點的就是石鍋拌飯！

停好車，看見一位約莫二十五歲左右的年輕人，正從車上搬出好幾大箱南瓜，準備用拖板車搬進廚房備料。他抬頭看見我，送來一個歡迎光臨的微笑，他就是小馬。

因為已過了用餐的尖峰時間，當天又是平日，一眼望去偌大的用餐空間，只有兩三桌客人正在聊天喝茶，已是處在正要吃完飯準備付錢離去的樣態。我忖思，大概再十分鐘，整個餐廳就是我一人包場了吧。

選擇靠窗位置坐下，方位坐西望東，可以眺望中央山脈。我遠觀兩山之間的群聚部落，轉頭問餐廳的小馬：「那是哪裡？」小馬很迅速不假思索地回答我：「楠西區」。我好奇問他：「你是當地人嗎，不然怎麼那麼清楚？」

小馬露出憨厚微笑：「我不是當地人啦，但我從高雄搬來玉井已經三年多了，對這邊的環境當然熟識。」此時，我愛搭訕聊天的癮再度發作。接問，為何會想要搬到玉井，又是什麼原因在這裡工作呢？

小馬先看著四周，確認其他客人都已離席後，才安心地對我說：「我是因為家人的緣故才搬來玉井的。因為父親在官田工業區當保全，不忍心讓他每天舟車勞頓一個多小時。幾年前，我就立志要買一間房子給父母親住，因為我們已經租房子多年，這種居無定所的日子過怕了，若能擁有自己房子是一件多麼幸福的事。我覺得玉井的房價便宜，離84號快速道路又近，父親開車只要二十分鐘就可以到達。我就在這找到一份差事，可以學習甜點技術，又能練習與客戶談話，才決定來這裡上班。」

經過一番交談，我逐漸了解小馬的過去。

小馬高中畢業，旋即入伍當了志願役，五年後正式退伍。因為節儉，無不良嗜好，再加上專研理財商品，年紀輕輕已存下好幾桶金。基於盡孝道，他拿出所存資金的大部分，買了人生第一間房子。起先，父母親以為這間透天厝也是租來的，後來才知道是兒子努力存錢掙來的，不禁老淚縱橫，感謝老天賜給他們兩老這麼一位孝順的孩子。

因為自知無一技之長，小馬幾年前就夢想要開一家甜點店。他知道在這鄉間小店工作薪水不高，但因為有機會可以學習製作糕餅的技術，再辛苦他都願意。當然，最重要的因素還是他喜歡玉井這個遠離塵囂的環境，不僅讓還有三年就可以退休的父親工作方便外，全家也因為生活在這物價較低的區域，反而可以多存一些錢。

我從小馬的身上，看見年輕人較不具備的兩項特質。一是孝順；二是認識自

己。

關於孝順，我覺得能夠幫父母親買房，享受全家團聚的天倫樂實屬不易，又因為要兼顧父親上班的時程，自己委身在鄉下地方找工作，若這不是孝順，該如何去定義這種行為呢？

年輕人能夠提早認識自己是一件不容易的事。認識自己需要勇氣，也需要行動的力量。小馬自知無富爸爸，也無良好的學經歷，一切只能靠自己。他自學財富管理，讓理財成就更美好的生活；他找到自身興趣，用製作甜點的商機，尋找創業的可能；他從事第一線的服務人員，訓練自己口條並打開與人為善的契機。他懂得未來自己要走的方向，也清楚掌握什麼是他不要的。這不就是認識自己的最佳詮釋嗎？我從小馬身上看見一位年輕人開啟天賦、運用天賦的典範。

小馬用堅定的口吻告訴我，等父親退休，他也即將步入三十而立的年紀，希望那時就可以開業成功。我拿起桌上的白開水，舉杯祝他美夢成真。也希望他的人生充實豐盈。一起祝福他吧！

你敢打掉重練嗎？

第一次見到她，是在總行舉辦的課程上，我和她都是擔任指導員的角色。那次訓練是針對業績沒有達成目標的同仁所設計的上課機制。她優雅的談吐與姿態，與我認知金融業內斂的特質大相逕庭。那時，我就有一種敏感度分析，她踏出職場的第一份工作應該不是從金融業開始的。

因為時間急迫，我們並沒有真正聊天，只知道她剛到公司上班不久，也算是一位新人主管。之後，在幾次總行的經理人會議，我們偶爾見到面會打聲招呼。就是那種不算熟，但彼此認識的同事關係。

說來好笑，我們真正熱絡並不是因為誰介紹，而是臉書的牽線。我住台南，在嘉義上班；她住桃園，在台北上班，理應沒有太大交集才是。但，因為臉書有許多共同朋友，我們自然而然也就成為臉友。

可能每天我都會在臉書分享心情的緣故，她對我的工作與生活感到興趣。她納悶地問我，金融業工作壓力那麼大，每天幾乎被業績追得喘不過氣來，為何我還能氣定神閒地過小日子，這點讓人非常佩服。

她主動告訴我，自己減壓的方法是手做一些雜物。舉凡將廢棄的袋子、面紙盒、空玻璃瓶經由巧思與包裝，改造成有用的收納盒或裝飾品，都是她紓解壓力的方式。

有一回，在公司舉辦的自強活動中，因為同車的關係，我們終於有機會好好聊天。我便問她關於職場的經驗與心得。果不其然，她並不是一開始就在金融業，當她說出自己出社會的第一份工作是空服員時，我雖然驚訝一下，但也對自己的猜測感到準確。

「是什麼原因，讓你成為空服員，又離開空服員這個職務的呢？」我接問。

她表示當時報考空服員也是一場美麗的意外。只因為好朋友想考，她也就跟著準備，由於親戚也是擔任空姐，讓她的家人贊成報考。加上她是一位要做就做到最好的女子，便開始蒐集航空公司考試訊息，學習化妝美姿美儀，經過重重的面試與筆試，通過嚴格體檢，終於考上當時錄取率不到百分之二的空服員。

正式踏入職場，成為社會新鮮人就有一份高薪、人人稱羨的職務，理應是人生勝利組，但她說，自己並不是真的能習慣這樣的工作。除了因時差讓生理時鐘會被打亂外，常常在國外一覺醒來，有一種不知天涯何處是我家的空虛感。這樣的生活過了五年，她還是選擇離開。那年，她將近三十歲，人生走在一個十字路口上。

她捨掉過去尊榮的光環，從一位貿易公司的小助理再出發，縱使薪水被腰斬也甘之如飴。這份國貿助理的工作歷練讓她知道，人生只要找到自己喜歡的工作，重新來過都不會嫌晚。

因為職場表現出色，她被推薦到一家大型公司擔任小主管的職務。這一待就是六年。在大型企業上班，她開始學習領導統御，也漸漸嶄露專業經理人的管理風格。

後來，一位志同道合的朋友找她合開美語補習班，經過深思熟慮後她答應了，因為她認為這是向上提升的機會。而她的身分也轉變成一位創業家，開始對自己公司的盈餘負責。當她聊到這段往事時，顯露出些許憂鬱的表情。因為她的公司，敵不過大型連鎖補習班的成本優勢，終究在幾年後，將公司忍痛頂讓出去。那時的她，人生只能再重新開始。

創業失敗，讓她近半年沒有工作。但，她的字典從沒有「後悔」兩個字。她知道，人生最重要的資產是「決心」。之後，透過以前同事介紹，她走進金融業，開啟了銀行職涯。

這次轉職，她終於找到自己的天賦，發揮之前服務過形形色色客戶的優勢。不僅業績好，人緣佳，很快就受到主管的提拔與重用，並也在第五年的銀行資歷中升遷到管理職，開始承擔更重要的責任。

關於她打掉重練的生命歷程，我有三點發現：

❶ 不斷地嘗試，直到找到自己的天賦才肯罷手。

❷ 擁有決心與行動力，是打掉重練的不二法門。

❸ 要相信功不唐捐，生命的任何事情都有意義。

最後，我想講，年紀越大，打掉重練的成本越高，要謹慎啊。

一道道應徵關卡，如何勝出？

接到一位長輩來電。這位長輩告訴我，她的小孩今年剛大學畢業，投了數十封履歷，一直找不到工作。雖然某些公司有請這位社會新鮮人面試，但也都沒有下文，打電話去問結果，只被對方公司窗口以冷冷的口氣告知：「已經找到人選了。」因為久戰無功，也屢屢受到打擊，這位年輕人開始顯得自暴自棄。電話中心急如焚的母親，告訴我這個現況，希望聽聽我的想法，看看是否能找到辦法，幫助他兒子度過低潮。

關於這位畢業即失業的年輕人，我從不認識，也不知道他的個性與想法。我能給這位母親的建議非常有限。我說，或許有兩件事可以即時幫忙，一是讓我看看他的履歷表，希望在履歷撰寫上給予協助；二是在還不能馬上面授機宜的狀況下，讓我與他透過電話，用線上面試來確認他的應對進退能力。

我曾經連續兩年到中正大學舉辦的校園徵才系列活動，幫一群即將踏入職場的畢業生傳授「履歷撰寫」與「面試技巧」課程。這也是我為何要請這位年輕人這麼做的原因。

履歷撰寫主要是將自己過去真實的豐功偉業，用具有條理及說服力的面貌呈現給面試官，這是一種靜態模式，用字遣詞與內容架構是亮點。要有漂亮可看而不是乏善可陳的履歷，生活歲月的精采度與豐富性不可少。

在學學生的履歷，除了畢業學校與課業成績是兩大重點外，有無社團與打工經驗也是參考指標。而已經出社會工作的職場上班族，工作年資的穩定度與專業能力考評，才是能否被錄取的關鍵。

面試技巧則是一種動態過程，目的是在短時間能夠介紹自己，讓面試官感到吸睛有趣，進而產生好奇願意多聊多問，提高自己的錄取率，才能賣得好價錢。

面試牽扯的範圍較廣，舉凡是否準時赴約、穿著打扮是否得體、講話談吐是否具有內涵等等，都是評核的依據。這時，越是能夠表現出大方與熱情的應徵者就較為吃香。因為第一印象的好壞，往往在五分鐘之內就被決定了。

也因此，真正的面試技巧，並不是教面試者如何投機取巧說一些不切實際的話去騙面試官。而是傳授因應不同工作職缺所該展現出來的面向，給予合宜的建議與點評。

更深入地說，面試技巧修習的是一種打造個人品牌的學問，我認為有三點應該要注意。第一，表現出彬彬有禮、笑容可掬的態度，充分展現自信風采；第二，在溝通談話中，願意多傾聽、不搶話，也懂得問對好問題；第三，聚焦專業素養，了解面試公司背景，讓對方感受到你有備而來的企圖心。

不到一小時的時間，我就從電子信箱收到這位年輕人的履歷表。這位年輕人畢業於私立大學商學院，應徵工作是國貿業務。將這份履歷仔細瀏覽過後，我發現好幾個可以改善的問題。

其一，照片竟然是用一般生活照，看起來非常不得體。以他所應徵的工作而言，應該使用上半身正面帶有微笑的大頭照，且最好是穿著襯衫、繫上領帶較佳。其二，是否具備國貿業務的專業能力不夠鮮明。僅告知對國貿業務有興趣，卻沒有提出語文能力與學科成績當佐證。其三，應徵動機不夠強烈，文內完全不見想要熱情投入與貢獻所學的字眼。其四，大學四年，幾乎沒有社團與打工經驗，這也會讓面試官疑慮是否與社會脫節，需要花更多時間培訓。

在幫忙修正這份履歷後，我打了通電話給年輕人，與他先是閒聊幾分鐘，之後就進入模擬面試階段。歷經真槍實彈的角色扮演，讓我更加知曉，這位年輕人的一些面試問題。

首先，他的自我介紹不夠流暢俐落，也沒有將自己的人格特質說清楚、講明白。關於這點，我的建議是，要能在一分鐘的時間將自己做一個完整的呈現才行。其次，沒有辦法闡述他要應徵某個產業的全貌，僅告知我，他喜歡做國貿的工作是不足的。我給他的建議是，好好找出自己喜歡的產業類別，用一條龍的方式研究它，雖然還不能成為箇中專家，至少也要達到玩家等級。

最終，也是呼應他履歷表上的內容，這位年輕人完全沒有做好職涯規畫。當我問他，若是有機會被錄取，在未來三年對自己有何期許？他竟然語塞，結巴回答不知道。我告訴他，這或許也是許多企業不敢用他的原因。人因夢想而偉大，也因志向而渺小。若能越早立定志向，縱使一路上跌跌撞撞，也都較能盡早找到自己的天賦，在職涯路上發光發熱。

掛下電話之前，我請他上 YouTube 去搜尋二〇一六年台大畢業典禮，葉丙成老師在典禮會場所發表的演說。我說，這段影片的結尾是我想要給他的勉勵。我希望這位年輕人也能以做到葉丙成教授的鼓勵為職志。年輕人非常開心的答應我。

幾個小時後，年輕人洋洋灑灑寫了一封感謝函給我，謝謝我提點他以前完全不知道的求職重點。文末，他貼上了丙成兄演講的建議：

❶ **請不要成為只懂專業，其他都不懂的貧乏之人。**

❷ **請不要為一時過關而做出違背自己良心的事情。**

3

請正視自己缺乏失敗的勇氣與再爬起來的韌性。

雖然，這位年輕人尚未找到工作，但我相信，離找到工作的機會已經不遠了。

學歷不是職場必殺技

麥可，我的髮型設計師，打從高中時代，他就是我的御用理髮師。短則一個月，長則兩個月，我固定向他報到剪頭髮，麥可的理髮工作室生意超好，沒有事先預約幾乎剪不到，不管男女老少、不論舊雨新知，都很滿意他的手藝。

這一剪，一晃眼，竟也走過將近三十個年頭，從少年到中年、從學生到上班族，我的三千煩惱絲，幾乎都命喪在麥可的刀下。

別以為麥可年紀很大，他可是大我沒幾歲呢！他出道得早，從國中畢業就沒有繼續升學，一身新潮妝扮，留長髮、戴墨鏡，簡直就是火爆浪子的形象。他長得像極了歌手齊秦，學生時期，我與鄰居朋友們，私底下都稱呼他為齊秦。若有同學朋友很崇拜齊秦這位偶像，我都會請他們來麥可的店內理髮，一睹偶像丰采。

麥可也是一位懂得生活的品味男，一年當中他幾乎一定會出國旅遊兩趟，短則一週，長則數十天，帶著太太遊山玩水看盡世界奇景，至今已經遊遍四五十個國家，在理髮檯上除了固定有的週刊外，一定也會有他的旅遊照片供客人翻閱欣賞。

某個週五下班後，我打電話預約明天週六的理髮時間，他說今晚還有空檔，問我要不要半小時後就過來？我說：「好啊，正求之不得呢！」

我準時出現在工作室，在這例行的剪髮中，因為我是今晚最後一位客人，兩人便暢所欲言、無所不聊。我問他，如果時光倒流，會不會選擇好好讀書、提高學歷？麥可不假思索告訴我：「不會，也不需要。」他說，理髮是他的最愛，已經做了三十多年都不覺得累，因為這是他的興趣。興趣能當飯吃，真的很幸福。

突然間，他心血來潮告訴我，關於他年輕時踏上髮型設計之路的故事……

在麥可的學生時代，「萬般皆下品，唯有讀書高」這句話還是深烙在每個人心中。因為他自認不是讀書的料，只想要學得一技之長、好好過生活。剛出社會時，他對修理手錶深感興趣，透過朋友介紹，他走入台南一家老字號的鐘錶公司上班，開始從學徒做起，持續了將近五年，才成為店內師傅。

但興趣總是多樣且迷人的。由於麥可一直以來都對髮型設計充滿想法，某天他看見朋友燙了一個非常新奇的髮型，經詢問後得知是在台北髮廊設計，麥可竟二話不說衝到台北，也想如法炮製同樣的髮型。無奈，每人的頭型都不一樣，麥可千里迢迢的求髮之路算是失敗。他心想，為何不自己來學理髮功夫，不僅可以幫別人剪髮，也可以替自己設計，算是一舉兩得的工作。

很果決地，他從鐘錶師傅身分，轉身成為菜鳥理髮學徒。這個改變，至今已將近四十年。他從學徒晉升為設計師、資深設計師，最後開了工作室，成為老闆。頭銜一直變，但所做的事情，數十年如一日，一如初心。

我問麥可，為何他的客源能夠如此穩定？他思忖半晌，告訴我三個理由。第一，他在當地社區的髮廊工作室已經開了數十年，也有四代同堂一起來剪的，算是口碑悠久、遠近馳名。第二，他依然精進剪髮技術，不會倚老賣老，許多年輕客群反而喜歡這種經驗老到的師傅設計操刀。第三，服務與價格成正比，當收費不貴，又服務親切，可想而知這種親民的體驗，必定帶來高價值回饋。

剪完頭髮，麥可用大鏡子照著我的後腦勺，讓我瞧瞧他的得意之作。當然這一次的理髮，我依然非常滿意。我們揮揮手彼此說下個月見。

從麥可的案例，我想要告訴年輕人五件關於職場的大小事：

1. **學歷不是職場成功的必殺技，專業與服務才是。**
2. **找到自己的天賦，遠勝於做純粹收入高的工作。**
3. **專注在某個領域，讓自己成為這個行業佼佼者。**
4. **平衡自己的人生，培養工作之餘的休閒與興趣。**
5. **行行出狀元，人生沒有一定要做什麼才是成功。**

經營「咖啡館」的想望背後……

到台東成功商業水產職業學校（簡稱「成功商水」）演講，順便小旅行。

成功商水的鄭安順主任是我認識多年朋友。一年當中，他總是希望我能到學校演講兩次，和同學聊一聊「理財」與「職場」。基於鄭主任的盛情難卻與自己對偏鄉教育的使命，再忙，一年我至少都會成行一趟，順便看看海、吹吹風，享受一個短假期。

成功商水位於台東成功鎮。這群高中生，有的來自部落，有的來自市區；有的遠從花蓮而來，有的就住附近。他們都有一個共同特質，就是生性靦腆、面帶笑容，看見我，都會熱情地打招呼。這次學校安排的演講，是希望我對二、三年級同學，分享年輕人應有的職場素養與培養熱情的態度。

演講一開始，我請台下同學有在打工的舉手。心想，這群孩子可能處在中學階段，尚未讀大學，所以工讀的人數應該不多。但出乎我意料之外，舉手的約有六成之多。細問，基本上大都是餐廳與飲料店的工讀生。這讓我訝異，這群偏鄉的孩子，已經提早走入社會服務人群了。

這場演講，我的第一個領悟：**鄉下的孩子，因為提早面對職場，成熟的較早**。

我喜歡問學生問題，培養他們獨立思考與判斷的能力。我最常問學生的是：長大出社會後要做什麼？撇開還不知道要做什麼的同學不談，願意告訴我答案、人數最多的是創業。而創業的行業，又以開餐廳或咖啡館為大宗。緊接著我問的不是為什麼要開咖啡館，而是問他們，知道創業需要準備多少資金嗎？

他們的回答幾乎都是含糊未定。有一百萬就可以，也有高達五百萬才行。

我追問其中一位想要創業開飲料店的同學，關於創業的資金如何準備，又該如何做計畫？他的回答是，先工作五到十年，學會技術與經驗，那時應該就有機會存到創業的第一桶金。我接著問，知道一個月要賣幾杯飲料，才能損益兩平嗎？也就是說，損益表的計算到底清不清楚，該如何算出固定成本與變動成本對盈餘的影響。問到這邊，能夠完整告訴我答案的同學少之又少。

我告訴那位要開飲料店的同學，依他說出的條件，抓出毛利率後，扣掉租金與人事費用，每天光是損益兩平就要手搖三百杯飲料。如果一天營業十小時，每小時要能賣出三十杯才能打平。以每人買兩杯計算，每鐘頭要有十五個人上門消費才行，這樣他做得到嗎？只見這位同學露出訝異的表情，對我搖搖頭。

演講中我的第二個領悟是：**年輕人想要創業的不少，但知道要如何準備的不多**。

演講中場休息時間，我到台下與五位即將畢業的學生聊天。問問他們未來動向。其中有三位同學選擇繼續升學，一位要去當志願役，另一位要提早就業當廚師。要升學的三位不談，我問另外兩位，為什麼不繼續念書？一位告訴我，當兵可以馬上賺錢，就能改善家中經濟環境；另一位告訴我，他對讀書沒興趣，及早學得一技之長才是王道。我說，當學生、當兵或當廚師都好，只要愛其選擇，快樂就好。我們一起拍張照片，並預約二十年後，再回到學校共聚一室，確認自己的人生是否一路照著本來的想法走。

關於演講的第三個領悟是：**一個人不必忙著自己想做什麼工作，重要的是，清楚選擇某項工作後，要使自己變成什麼樣的人才是**。

演講結束，鄭主任陪我走出校門口，不斷地感謝我對這群孩子的教導與點評。我說：「這是我喜歡做的，一點都不會累，我對教育有一份熱忱；對學生更有多重關愛，有機會付出真的很幸福。」

想要告訴年輕人，要開咖啡館很好，要創業很棒，要過著自主的日子很美。但一定要鉅細靡遺規畫、認真統籌，才能達到夢想成真的結果。

創業不是鬧著玩的？！

「最近認識一個自己出來創業的朋友，做資安管理的，一直想介紹他認識你，如果你有時間或是台南有讀書分享會，讓這個剛出來創業的小夥子聽聽你的鼓勵，會是一件美好的事。」一位朋友傳來這則訊息，要我與這位年輕人見面。

關於朋友介紹朋友讓我認識，我幾乎來者不拒，甚至是更積極地想認識對方。我持兩點理由，第一，我常掛在嘴邊講的一句話：「人脈的終極目的是利他。」既然認識朋友是要拿來幫助別人的，當然要多多益善，這樣要再幫助更多朋友的機會才會更大。第二，朋友會想要介紹他的朋友讓我認識，某種程度一定是朋友認為我可以幫什麼忙。如果可以認識新朋友又能幫上忙，那不是一舉兩得，更棒！

經過電話聯繫，一個月後我們見面了。他是信智，年紀小我一輪的年輕人。

一開頭，我就告訴信智，創業從來就不是一件簡單的事，若沒有相當的決心與勇氣，創業是一點都不好玩的，甚至會搞到人財兩失都有可能。說實話，我不是想要威脅信智，請他打退堂鼓。而是近幾年來，我遇見太多年輕人，只因為工作上和老闆同事處不來（人際關係問題），或是覺得自己位階低薪水差（眼高手低心態）這兩大原因，而萌生創業念頭。終究，這樣的年輕人，創業失敗率很高。

「我想要挑戰自己，讓自己在工作領域更進階，才是我創業的初衷。」信智這句話，彷彿告訴我，他是玩真的。這也算是我少數聽到，在職場當中因不滿足現況，極欲尋求突破的創業理由。

頂著國立大學資訊背景的碩士學歷，信智並沒有顯露出驕傲的氣質。他的談吐與內涵，都有超乎同年齡的成熟感。我繼續問他，在沒有太多奧援與人脈下，公司的營運與業務拓展，你該如何破繭而出，殺出重圍？

他分享自己的看法，讓我確信這位年輕人創業之路的確是有章法的。他說了很多做法，我大致聽出四個重點。而這四大重點，也是職場工作者，可以學習的心法。

1 勤勞與努力：信智告訴我，當他爺爺還在世時，他聽到的最後一句話是「一勤天下無難事」。就是這句話，再加上家人對他的支持，讓他義無反顧往創業之路邁進。規定自己每天打電話數十通，一定要能從電話約訪中，達到至少兩位客戶願意與他見面才肯方休。他說，中國人強調「見面三分情」，不管對方願不願意與他簽約，他都很享受能夠見面洽談的成就感。他篤信，見面就是商機，商機就在談話裡。

2 遠見與格局：因為從事資訊安全行業，這是未來的明星產業。包括個人資料保護法的施行以及資通安全管理法的訂定。信智非常確信他現在創立的公司是具有願景的行業。他說，寧可先辛苦一陣子，也不要痛苦一輩子。趁年輕，好好拚，這是看得到未來的產業。

3 興趣與專業：信智說：「或許目前我沒有人脈；或許現在我沒有客源，但我所擁有的是對這個事業無比的熱情與投入。我有興趣，可以全力以赴地衝刺業務；我有專業，可以用心滿足客戶的需求。」因為有著在大企業多年的歷練，造就他一身好功夫，這是他引以為傲的最大資產。

❹ 挫折與失敗：

《雙城記》開場白說：「這是一個最好的年代，也是一個最壞的年代。」信智當然知道，創業不是穩成功的。他也必須要承受當創業失敗所帶來的後果，或許就是錢燒光，再者就是重回職場當一位好員工。我告訴他，人生不是「得到」就是「學到」。當創業成功，謙卑以對；創業失敗，經驗不白費。

我喜歡信智分享給我的一段話。「馬雲說，創業者要懂得用左手溫暖右手。而我自己覺得，就算沒有掌聲，都要抬頭挺胸和微笑。甜美的果實是在你付出許多後，上帝賜予的恩惠。」從信智的思維中，我看見一位年輕人願意腳踏實地，苦幹實幹的價值觀。這等美好信念，當是每位年輕人身上應有的味道。讓我們一起祝福他，創業有成，歷久不停。

原來我也可以當記者

一如往常，在假日的早晨，我喜歡找一家咖啡館悠閒吃早餐，順道展開我的閱讀時光。我翻開第一一二一期《商業周刊》，迫不及待地瀏覽何飛鵬社長的專欄。這個專欄是我翻閱《商業周刊》的最大動力之一。過去幾年來，每週一次的「商場自慢塾」，皆陪我與分行同仁，一起分享職場甘苦談。

何社長這次文章的標題是「先有數量，再求質量」。

這篇內容敘述何社長擔任記者時，他因「寫作」這件事所帶來的樂趣與心得。話說他剛到《工商時報》任職，由於是一位菜鳥記者，多數同事和他一樣，大都是寫作慢、發稿量也不足。因此，他說提升寫作速度與增加稿量，成了他當記者的首要任務。

何社長接著說：「寫稿慢的原因，是因為題材不足，如果看到什麼寫什麼，不挑題材，稿量就能不虞匱乏。而速度，也就因為多寫多練習，自然而然就會變快。」就是因為他的這個策略運作成功，何社長的寫作功力大為提升，不僅大事會寫，小事也能切題；而文筆廣度夠、深度也強，更是他後來成為明星記者的最佳利器。

這篇文章我讀來特別有感觸，因為何社長所說的，竟是我現在正在做的，也就是我每日奉行的準則。這個準則是「每天都要寫，好壞是其次」。

多年前，自從開始寫部落格「光陰地圖」算起，時至今日，已經完成從不間斷的數千篇大小文章。我也漸漸從部落格書寫，轉向到臉書上的記錄。書寫部落格，像是把文章儲存在檔案室，可以好好收藏；而在臉書ＰＯ文，好比新聞ＳＮＧ即時報導，過了一天，很多朋友可能就錯過這篇發文了。

如同何社長所言：「先有數量，再求質量；先有速度，再求深度，後求廣度。」我已經慢慢習慣這種寫作方式，再怎麼忙、再怎麼累，縱使在一天當中即將結束的最後一小時內，我都能準時交出文字，為自己的人生，留下美麗的軌跡。

這樣的寫作訓練，讓我有時在平凡無奇的生活中，以更細膩的觀察，用更敏銳的角度，寫出我的所見所聞。很多時候是有感而發寫出回憶與看法；有時也會因為靈光乍現，寫下自己獨特的見解。

現在的我，只要主題確定、思緒清晰，一篇文章一個多小時，幾乎都可以完成無誤。也因此，當我讀到何社長這篇文章時，直覺聯想到，原來我也可以當記者了，這又是因為投入寫作的熱情後，所帶來始料未及的想法與好處。

話說回來，源源不絕的文章產出，除了要「用心」觀察人生大小事外，更需要大量閱讀才能相輔相成，否則今天沒有拜讀何飛鵬社長的大作，何來的認同與回應呢？

「用心發現，潛能無限」，是我很喜歡激勵自己與鼓勵朋友的一句話。它不僅只是一句廣告台詞而已，更是實踐人生理想的名言佳句。生活裡更「用心」地看世界，不僅幫助自己，發現美好的生命風景，再透過自己的努力實踐，不知不覺中，「潛能」也就能被開發出來。

我認為，每個人都應該是自己生命中的「記者」。用筆、用照片，更用心記錄自己的生活點滴與精采人生。而每個人的生命，是否過得踏實、過得豐富，就看自己是否願意走出去、打開心扉，與這個娑婆世界好好接軌囉！

尋找職場桃花源

每年只要到了鳳凰花開的畢業季節，許多學校就會請我對即將踏出校園走入職場的學生談談「新鮮人應注意的職場大小事」、「工作競爭力」、「面試技巧與履歷撰寫」及「職場應有的態度與思維」等課程。若時間允許，我幾乎樂於接受邀約，希望將自己二十年的工作經驗透過一堂課分享給年輕人。

縱觀近五年大小場演說，我總結尋找職場桃花源的五大關鍵。希望這五大要點，能帶給還在學校、剛出社會或職場打滾不順的朋友們一個良心建議。雖然每家公司組織文化不盡相同，相處的同儕主管也不一樣，但這五大元素，是我認為可以歷久彌新，不被潮流所淹沒的黃金定律。

❶ 態度很重要，做人正向樂觀：

我常說「態度決定高度」，態度是職場成功的第一把鑰匙。話說「師父領進門，修行在個人」，我篤信「態度」就是最好的師父。或許你聽過，但我還是不厭其煩地想要將這個比喻再說一次。態度的英文是Attitude，若將A記成一分，B是二分，C是三分，依此類推，X、Y、Z分別就是二十四、二十五、二十六分。以Attitude來解析，A是一，T是二十分（有三個T共六十分），I是九分，U是二十一分，D是四分，E是五分，加總起來共得一百分。而知識（Knowledge）得到九十六分；努力（Hardwork）也只得到九十八分，都輸態度的一百分。

我剛從事銀行業務工作時，主管告訴我，業務有一個CASH法則，將C改成K變成KASH，念法一樣。將這四個單字拆解成K（Knowledge，知識）；A（Attitude態度）；S（Skill，技巧）；H（Habits，習慣）就能賺到CASH，讓人生物質豐盈。主管說，這四個單字，最重要的是態度，依次是習慣，再來才是知識與技巧。因為知識與技巧可以靠後天學習，而態度與習慣比較像是一個人的性格，不可能馬上改變，需要長時間的積累與沉澱才能轉化而成。也因此，若新鮮人剛走入職場，能培養好的工作態度與習慣，是影響甚鉅的。

「心向陽，生活喜洋洋；人向善，生命離苦難。」這是正向樂觀的最佳寫照。沒有人喜歡哭喪著臉的人，也沒有人願意讓負面情緒的人包圍。展現熱情，散發魅力，當一位溫暖人心的人。「人生順境時，要順勢而為；人生逆境時，要逆向思考」是我常給同學的建議。

❷ 先強大自己，再拉別人一把：

年輕人出社會，需要前輩的指引與教導，當務之急就是先強大自己。在菜鳥階段不要怕犯錯，要多方嘗試與學習，讓年輕的自己變成主管可以信賴的人。當經驗慢慢增加，從菜鳥晉升到老鳥時，更應該發揮「己立而立人；己達而達人」的精神，幫助別人，成就自己。

以我自己為例，我喜歡幫助別人，也樂於分享自己的經驗。我自己訂下幾個

KPI，一年要到校園演講至少二十場，傳授職場潛規則，讓這些年輕學子少走冤枉路；每週都要找到數次機會幫助別人，提升自己的慈悲心。的確，因為做了這些事情，讓我變得更忙碌、疲於奔命，卻是讓心情特好，感受無限歡喜。真正驗證施比受更有福的道理。

❸ 培養好人緣，厚植人脈存摺：

「人脈的終極目的是利他。」把認識的親朋好友，當成幫助別人的利器，是一件快樂又有智慧的事。年輕人剛出社會或許人脈不廣，人際關係有待建立。此時，參加一些公益活動與社團運作是可行的。一方面在團體裡有相關的話題可以交流，另一方面可以與長輩親近，學習做人處事的道理，是一舉兩得的好方法。

人緣要好，笑容與助人不可少。笑容常開、謙卑為懷的人，總是較得人緣。願意付出、熱心助人的人，終究較受歡迎。這兩個關鍵法寶一點都不費力與不用錢，只要願意實踐，就能帶來善緣好運，不信你試試。

❹ 尋找好上師，貼身學習武功：

趁年輕，找到自己職場的標竿與典範，是讓自己快速成長的途徑。很幸運的，我因為早早找到自己的職場上師，才能有機會用最短的時間當上銀行主管，也因為從師父身上學到運籌帷幄的管理功夫與慈悲帶人的處世哲學，讓我領導統御一路順遂，成為職場快樂的工作者。

如何尋找好上師呢？我的建議是，從自身工作領域開始發掘，找一位大師級的人物，好好了解他的成功之道。這比喻就像是，當我還在飯店業時，我的職場偶像是嚴長壽總裁；當我轉戰銀行業時，我的標竿是陳嫦芬老師，他們都是業界翹楚，值得認真學習的對象。

其二，在自家公司或業內，找出可以聯繫或發問的前輩，這也是建立職場口碑的好機會。當許多前輩都說這位年輕小夥子肯學、願意上進，職場的名聲與道路當然好聽又好走囉。

❺ 樂當π型人，讓自己更獨特：

π型人是管理大師大前研一先生所提出的人才概念。泛指在現代職場中，能夠具備兩種專長的職場工作者，遇到不景氣或公司重大變故時，可以不受影響的好好存活，用穩固姿態屹立於工作當中，無畏於環境的變化與挑戰。

我總是建議年輕人，出社會之始，別急著玩樂，好好觀察自己行業的屬性與特質，以自身天賦為基礎，善用資源與人脈，多學一項技能以備不時之需。像我，除了銀行專業以外，還可以當企業內訓講師與作家，就是培養第二專長的實例。

桃花源是一種怡然自得的感受。我這五點希望讀者感同身受。

夢想，來自積極的實踐

起初，我不認識她，在那個針對大學生職涯發展的講座場合。她因為聽了我的演講稍受感動，便與我結下善緣。

那一次的金融研討會盛況頗大，多數是來自對岸的銀行業者，他們對於台灣財富管理的策略與發展，想要深入了解的意願之高，讓我印象深刻。經由研討會牽線，我與系主任慧琳建立起良善友誼。會後的茶敘中，她又再度邀請我來學校，對學生進行一場激勵人心的講座。

當我第二次踏進這所學校演講完後，我告訴同學們，若大家未來還有問題想要與我聯繫，可以寫 E-mail 或加我臉書，我很樂意用自己的經驗，回答大家的困惑。

而小華就在當下加我臉書。但我們沒有面對面的互動。

一直到隔年，系主任三度邀請我到學校開講，她才跑來演講台前和我相認。從那一次短暫閒聊開始，我算是認識小華，也真正了解她，那一年她念大三。

小華從小來自單親家庭，家境雖不富裕，但家人相處融洽。她說自己受到家扶中心很大的幫忙與資助，所以當她升上大學，在寒暑假有空檔的時間，就會回到家扶中心打工，用受助人的角色回饋，成為一個懂得感恩的人。

猶記在我們的交談中，她問我一件事：「請問老師，夢想的追求有很難嗎？我真的可以實踐夢想嗎？」當我聽到她這個問題時，並沒有馬上回答，反而問她：「什麼是夢想？」

「就是達成自己的心願啊！」她如此回覆我。

經過和小華詳談，我逐漸了解她的生活處境比其他同學更艱困。因為她除了要自力更生賺取學費外，也要幫忙負擔家中生計。年紀輕輕的她，有著比同年齡更成熟的性格。但我也確信，雖然家庭經濟匱乏，她仍保有夢想，不囿於困頓的環境而能努力向上。

就在小華升上大四，屆臨畢業的最後一個學期，系主任慧琳到公司來找我。詢問我的分行是否有工讀生名額，因為小華想要到銀行實習，才能取得學分方可畢業。

很幸運的，恰巧當時遠東銀行有針對應屆畢業生舉辦「早鳥計畫」。所謂早鳥計畫就是培育一群「準」社會新鮮人，通過公司面試後，集中到台北受訓數週，然後再分發到分行擔任實習生。這群實習生有課就到學校上課，沒課便可以到銀行工作。

因有系主任背書，再加上我對小華人品的了解，我非常樂意推薦她來遠東銀行面試。在小華赴台北面試前幾天，我約她見面，告訴她關於銀行業務的種種知識，希望她能通盤了解，取得實習門票。

最終，小華夠爭氣的取得實習機會。成為一位準新鮮人。

後來由於我北調嘉義，離開服務滿三年的鳳山分行。她在高雄實習的那一段日子，我們各忙各的，幾乎沒有聯絡。一直到她畢業前、完成實習資格後，她搭著火車來嘉義找我。她說想要親自當面謝謝我，是我讓她提早面對職場的挑戰，也順利取得學分完成學業。

我請她喝杯咖啡，聽她告訴我這幾個月的實習感想。經過五個月的淬鍊琢磨，她的確成長不少，也更加成熟，這是令人感到欣慰的事啊！回程，我送她到車站搭火車，勉勵她學會做一位感恩的人，未來有機會，也要當一位幫助別人的人。她點點頭，微笑地說好。

「日子可以過得很平淡，但對夢想也要有期盼；生活可以過得很簡單，但對未來也要有承擔；生命可以過得很從容，但對過往也要有認同。」這是我想要送給小華的一段話。夢想來自積極的實踐，祝福小華願望都能實現。

轉身離職，成為更好的自己

下班時，我的手機傳來這則訊息。「家德經理，我最近已提出辭呈了，很開心可以在銀行與您認識。希望離職後還可以保持聯繫。我轉戰高科技業了，細節等您上來台北我們見面聊。」

傳訊息給我的是阿和。一位研究所畢業沒幾年的年輕人，也是我的遠方同事。他的離職讓我小小錯愕，因為他的工作內容是人人稱羨的幕僚工作，怎會離職呢？

與我有一面之緣的小莉，她是國內某家知名度頗高的報社小記者。前些年，她因為工作來採訪我，我們聊得相當愉快。她曾經告訴我，當一名好記者是她的終身職志，她很幸運一踏入職場，就在大機構上班。

某天，突然接到她打來的電話，說要採訪我。在我還沒開口說好或不好時，她已經告知自己離開老東家了，現在在一家新的媒體公司上班。我心中也是一股疑問：好好的大公司怎麼不待了呢？

「離職」這個詞，對多數的上班族或創業老闆而言，都是一個曾經經歷過的體驗，很平凡，卻又印象深刻。

馬雲曾經說過，員工離職的原因很多種，只有兩點最真實。「錢，沒給到位；心，委屈了。」這兩句話，的確道盡了許多職場上班族的心酸。當然，除了這兩種原因，一定還有許多離職的真正原因。

藉著北上開會之便，我與阿和約出來吃飯。

「之前的工作太沒有挑戰性了，雖然主管一直慰留我。因為我還年輕，想要多充實自己，才離開，而薪水絕對不是我最在乎的。」阿和一語道破自己離職的主因。他想要學習更多新東西，也想挑戰新領域。

小莉如期來採訪我。結束後，我問她，好端端的公司怎麼不待了呢？

「真的太累了，常常為了趕稿，加班到三更半夜。我以為我可以調適，可是經過一段時日之後，我發現真的沒辦法。」小莉邊關電腦，邊告訴我她離職的主因，就是太操勞。

阿和與小莉都離職了，也都找到他們覺得合適的新公司。但，他們的離職原因大相逕庭，一個覺得太安逸，想要更衝一些；一個覺得太爆肝，想要稍事休息。這些理由都對，因為他們都想要做更好的自己。

我自己也換過好幾個工作。理由都不同，但，都很篤定。

在飯店業擔任財會人員，是我出社會的第一份工作，後因母親生病想要陪她走完人生最後一哩路而離職。這個去職理由很單純，就是為了「親情」罷了。

考上銀行之後，擔任房貸放款業務工作。做了將近三年，也拿到許多榮譽，不僅加薪也得到升遷，在主管眼裡，我應該算是潛力股吧。但因為更喜歡財富管理的業務工作，讓我轉戰外商銀行當理專。離職的理由和阿和很像，就是「挑戰」而已。

離開外商，轉戰金控，只因機會出現。這個機會就是升任主管，帶領二十位業務同仁開疆闢土，學習領導統御能力，讓自己成為一位稱職的管理者。由單兵成為主管的轉職，幾乎是許多職場上班族的常軌。某種程度，也是被肯定自己過去的職場經驗。這個轉職的原因很充分，就是「夢想」。

因為職場貴人 Beryl 的一句話：「家德，和我一起到新公司任職吧。」我義無反顧，收拾行囊，不問薪水多寡的跟她走。我相信在職場上，這種情況屢見不鮮，就是「因為與主管共事愉快，當主管被挖角時，主管很容易帶著自己的心腹一起赴職。」雖然當時我在前公司如魚得水，受到器重。我還是因為「報恩」而離職。

擔任分行經理工作，一直都是我的最愛。當被告知要從第一線的將軍轉成後勤的幕僚文官時，我選擇離開。因為我知道，我的戰場在外面；我的舞台是客戶。每天能夠做自己最喜歡的工作，才是最幸福的上班族。猶如我的作家好友褚士瑩說的：「工作是一種看得見的愛。」我的工作要有愛的滋潤，而且被自己看見。顯而易懂，我會離職的原因是我找到我的「天賦」。

離職沒有不好，只要能夠讓自己更好，都是值得改變的。在職場上，一定有許多轉職的機會出現，而「選擇」往往比「努力」來得更重要。選擇需要智慧，也需要勇氣才能找到對的道路。而我也相信，阿和、小莉和我，都正走在人生對的道路上。

從卡關中翻身

在一次職涯的演講場合認識培培。

培培有著國立大學企研所的高學歷，又考上錄取率只有百分之二的國考，成為眾人稱羡的公務員。目前在公職資歷五年，是一位單身ＯＬ。

培培和我因為有許多共同好友而變得更加熟識。不免俗地，加LINE加臉書是不可少的。

某日晚間，我的臉書突然傳來培培的一則訊息。內容如下：

家德大哥，我是培培，想請教您一件事，不知道您對於銀行業未來的看法是什麼？最近有機會進某家金控，可是有點猶豫。因為現況公職在財政單位，工作單純，薪水也很固定，但無增長進步空間，選擇銀行猶豫的點老實說，是擔心分發到北部，租房的費用跟環境是一筆不小的開銷，放棄現職的機會成本加大。銀行業績問題是與家人溝通過程中，最不能讓他們理解的部分。總覺得對於未來選擇還是感到很徬徨啊。希望閱人經驗比較豐富的您，能給我一些意見跟看法。謝謝您抽空看我的訊息。

看完培培的來訊，我知道這不是一個容易回答的問題。這其中包含幾個面向。

1. **培培的人格特質與職涯發展如何並行不悖？**
2. **轉職的動機與目的為何？**
3. **關於銀行業的前景與未來如何看待？**

為了幫助培培，也為了讓自己思索這個大哉問，我請培培給我一天時間，以便與她一同討論這個讓她卡關的職場課題。

恰巧，隔天我在公司有一堂內訓課程。我便將此問題設計成教案，請一群同在銀行業的同學一起腦力激盪，釐清可行的建議。教案內容如下：

「二十八歲，女生，未婚，國立大學企研所畢業。公務人員年資五年，月薪約四萬出頭。考上某金控銀行，年薪比公務人員多十萬。分發地點可能是北部，工作內容未定。夢想是買一千萬的房子。你建議她換工作嗎？」

課堂中有六小組，每組有六位同學。大家對於這個議題都感同身受。或許組員們都在金融業，有切身感；也或許這個職涯選擇是非常真實兩難的，討論起來就格外熱絡。

先說小組的結論。有四組建議培培不要離職，留在原職；有兩組覺得培培應該大膽離職，做更好的自己。

建議不要離職的理由不外乎有以下幾個：

1. **公職錄取率低，收入穩定，在外人眼中是鐵飯碗，好得很。**
2. **有可能調動到台北，短時間必須離鄉背井與家人分隔兩地，何苦來哉。**

❸ 銀行業有業績考量，較公務人員的壓力大，千萬不要做傻事啊。

而建議培培大膽離職的主要原因包括：

❶ 年薪馬上多十萬，公職升遷加薪慢，要買房子才有希望。

❷ 擁有高學歷，又在有競爭力的機構任職，只要願意努力，工作成就感一定很高。

❸ 還年輕，應該要勇闖天涯，縱使到台北任職，會有更多機會，而不單只是看到威脅。

雖然他們都不是培培的朋友，卻也都做出極為中肯的建議。帶著這群同學的建議與看法，晚上，我與培培見面深聊。

見面一開始，我問培培對於轉職，是否已有定見？培培搖搖頭說沒有。但告訴我他身邊所有親朋好友，都是叫她別換工作，甚至有朋友告訴她，銀行業是夕陽產業，讓她覺得好似轉換跑道是不對的，而她也終於體會「選擇比努力更重要」這句話的含意。

我用前一天思考的三個面向，告訴培培我的想法與建議。

因為培培的人格特質算是開朗活潑，不是一位內向的女孩，對於到銀行業任職，絕對沒有太大問題。另外，培培希望在年輕時多磨練，期望未來能當上主管領較高的薪水，這都是金融業可以給她的舞台。也是我覺得她在兩者做選擇時，可以游刃有餘的優點。

次之，培培轉職的動機只有一點。離開外人稱羨的舒適圈，賺更多的錢。目的就是可以實現夢想，盡早買房。培培告訴我，她總覺得在三十歲之前，就被工作定義人生，好像太快了些，想要去闖一闖，體驗職場的新風景。我則反問培培，若離開公職到銀行，發現走錯行了，想要再回鍋重考公職，對你是困難的嗎？培培坦言不會。

最後，關於銀行業的前景與未來。我告訴培培，沒有夕陽產業，只有夕陽心態。銀行業是民生的行業，有人的地方，就一定不會消失。雖然 Fintech（金融科技）

來勢洶洶，但常保學習心態，走在浪潮上，也就不必擔心被淘汰。培培舉一反三地回我說，那麼公務人員之所以會被社會貼上封閉或不長進的標籤，也都是心態問題囉！我回答：「是的。只要用心生活，順勢而為，逆向思考，就能找出自己的天賦，讓職場走得越來越順，越來越平穩。」

我們聊了許久，也從職場的不同面向去探討。我告訴培培，不管我的建議為何，妳終究要傾聽自己內心的聲音，做出自己心甘情願的選擇才是。

經過深思熟慮，培培決定留在現職，當一位傑出的公務人員。關於買房的夢想，培培與我的想法是，多儲蓄，也透過投資理財，收入的增加，讓自己能盡早買到夢寐以求的房子。

這是一個職場卡關的選擇。我也相信培培經由這次的抉擇，了解到人生不是得到就是學到。祝福她。

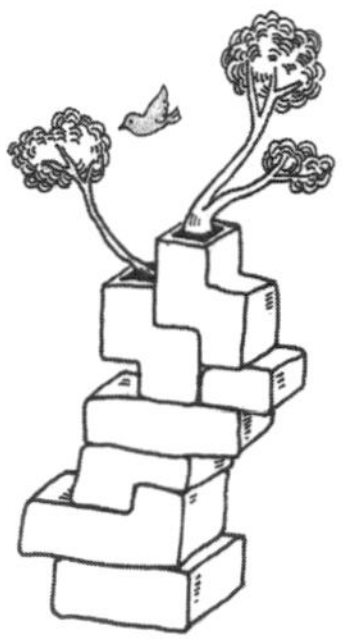

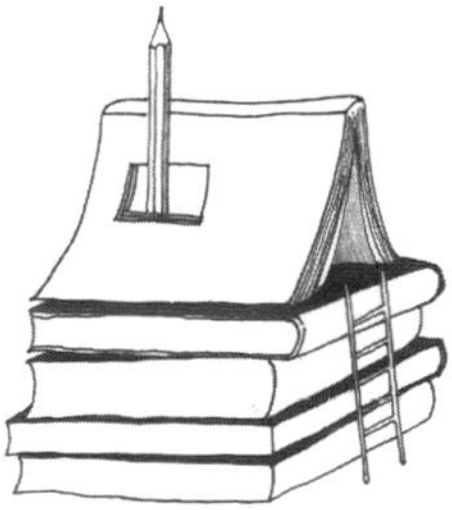

LEVEL

2

破關指南 2

「罩得住」的人脈與人際

人脈是這樣拓展的

從埔里為一群小學生演講完的回程路上我聽了廣播。

當頻道落在 FM98.1，喇叭傳來清晰悅耳的聲音，我便靜下心來聆聽。我用眼看著車窗外二高的翠綠山巒，用耳聽著主持人的節目，享受一個人駕車獨處的幸福感。

我喜歡上下班開車聽廣播。早晨幾乎以新聞節目為主，讓自己快速知道國內外新聞大小事，這是在上班時間與客戶閒聊的好話題。傍晚下班，我較常收聽音樂節目，哼著歌，解放工作的緊繃感。有時候若是心血來潮，也會任意選取頻道收聽，讓自己意外發現好節目，這是一種驚喜，也是聽廣播的樂趣。

馳騁在中部山區的高速公路，能聽的節目真的不多。當頻道停在「教育 Talk Bar」時，想不到也就是我與節目主持人朱玉娟小姐緣分的開始。

當天節目中，玉娟採訪國內頗受商業人士歡迎的《經理人》雜誌總編輯齊立文小姐，談「領導與管理」。聽見這個職場議題時，我當然極度感興趣。因為在自己擔任主管生涯十多年來，領導的真諦與管理的藝術，就是一門永無止境的學習路程。而《經理人》雜誌更是我訂閱多年的好刊物。在這雙重因素加持下，自然也就很難轉台了。

主持人功力果然了得。聊這個生硬、且不容易讓聽眾馬上了解的主題，竟能用深入淺出、切題合宜的方式，引領來賓闡述當期封面要點，讓我相當佩服。當我完完整整聽完這個專訪時，我興起了想要認識朱玉娟小姐的念頭。除了她用心做此專題，讓我輕鬆吸收新知的因素外，玉娟的口條表達與應對技巧，更是我所讚賞的。

回到家，我立刻用臉書搜尋朱玉娟，值得慶幸的是，很快就讓我找到玉娟的臉書帳號。現在的我，要將不認識的人加為臉友，都會有一個好習慣，就是透過私訊寫個短文告訴對方，為何要加朋友的理由與原因。我是這麼寫的：「哈囉，玉娟您好。今天聽廣播，聽見您的節目，受用。遂加您臉書，謝謝。希望改天可以與您聊職場大小事。」隔天，玉娟就按下確認鍵，並回我說：「您太客氣了，我很樂於跟您請教呢！」我們的第一道緣分正式建立。

約莫過了三個禮拜，臉書傳來一則玉娟發給我的訊息：「家德老師好，在臉書上看見您分享自己的書，才知道原來您不僅是個優秀的業務主管、經常去演講的老師，也是作家。上網去搜尋您新書的資料，發現是本值得推薦的書，跟節目屬性也像，所以想邀請您上節目。不過，因為您住在台南，所以不太好意思勉強您一定得北上受訪，真的不方便北上，我們可以電話訪問，但等我先把您的書讀完，免得問不到書中精華，還請老師有空再回訊給我，感謝。」

哇！我真的太開心了。想不到自己尚未找到機會北上找玉娟請益，這位得到金鐘獎肯定的主持人竟然主動邀約我上節目，這是驚喜也是恩寵。我即刻回覆：「我北上沒問題，很高興能見面喔！」這就樣，彼此敲定一個我順道北上拜訪客戶的空檔見面錄節目。我們的第二道緣分就此確立。

玉娟真的非常盡責，在訪問我之前，幾乎做足了功課，舉凡書中大小故事，她幾乎知之甚詳，讓我欽佩。她說自己是一位做事謹慎龜毛的人，其實連要找我上電台，她都是要清楚了解背景之後才會發出邀請函。她從臉書與書的內容中，發現我的確有一種異於常人的特質，就是熱情破表。這樣的人格特質讓她欣賞也愈感好奇，想藉由錄廣播的機會與我相見，也親身體會如何「用熱情驅動世界」。

我們真的相見如故。比原先預定的採訪時程足足多出近一個小時，但這是值得的。因為願意分享，我們更有默契；因為珍惜緣分，我們相談甚歡。節目就在玉娟的專業引領下輕鬆完成。因為我們聊天的話題很廣，玉娟發現關於理財的議題，日後還可以再找我上節目談，我當然很樂意答應。我們的第三道緣分也即將展開。

在聊天過程中，我們聊到了企業內訓大師謝文憲（憲哥）先生。因為憲哥是我的好朋友，也是廣播節目主持人，我特別問玉娟是否認識？若認識，很棒；若不熟，我願意介紹。玉娟告訴我，她不認識只有耳聞，是透過一位與憲哥熟稔的朋友——汪士瑋小姐，才知道這位大人物的。我告訴玉娟：「太棒了，您讓我有機會去認識一位新朋友士瑋，也讓我可以介紹憲哥給您認識，真是一舉兩得啊！」

兩天後，我傳了一則訊息告訴玉娟，我已經在臉書與士瑋成為朋友。也告訴憲哥，希望有機會介紹他們兩位能夠彼此認識。玉娟回我一個讚，並告訴我：「你真的是超級行動派，佩服啊！」

人脈如何拓展？就從自己感興趣的人事物開始吧！困難嗎？我覺得一點都不會。只要真心誠意，用「人脈的終極目的，就是利他」出發，好朋友一定滿天下！

高鐵商務艙的祕密

「先生，您升等商務艙的位置只剩走道位置，可以嗎？」櫃台小姐問我。

「沒關係，有座位就好。」我說。

這是一趟上台北準備接受《今周刊》封面故事專訪的行程。基於想要讓思緒更清明，臨場表現更好，我用信用卡紅利積點升等到商務艙，讓自己能有較安靜的時間與空間準備這次的採訪。

雖然很不巧旁邊已經確定要坐人，但我想總比搭經濟艙的吵鬧風險來得低一些。

從台南一上車，依車票上的號碼位置坐下。當車子緩緩駛出高鐵站，我旁邊靠窗的位置依然沒有人坐。心想，會不會這張票的主人來不及上車，雖然不是坐靠窗，也讓我可以一路心無旁騖準備到台北的訪談。

不到二十分鐘車程，嘉義站就到了。這時，一位戴著棒球帽，穿著一派休閒、有學者風範，年紀約莫六十多歲的中年男子很有禮貌示意我，旁邊是他的座位。我趕緊收起餐桌上的筆記本，讓他從容入座。

我識人的功力不算差。依我猜測，坐我旁邊的這位先生，應該是一位教授或創業家。

不曉得什麼原因驅使，他一坐定位，我便很自然地轉頭向他開玩笑：「你坐的靠窗位置原本是我想坐的，沒想到卻被你捷足先登了！」他也笑笑地回應：「我這個位置，是兩天前就已經買好票了。」因為這個話題，開啟彼此互相認識的機緣，都喜歡分享的我們，就這樣一路聊天到台北。

而在這一個多鐘頭車程的聊天中，竟是我獲得更多人生智慧的美好時光。

這位先生姓侯。果真是一位創業家。在六十歲之際，雖然事業正值高峰，因為希望享受退休生活，便毅然決然把公司收掉，迄今已經十年。由於兒子們都在國外工作，他也就遊走加拿大與台灣之間。嘉義是他的老家、台北是他的創業基地，全球各大城市則是他常常出差的目的地。他是一位懂得工作與休閒並重的商務人士。

這趟北上之旅，幾乎都是我向他請益人生。他兒子年紀只小我四歲，原則上，算是我的父執輩，他幾乎是用一種和自己家小孩說話的口吻與我聊天，讓我如沐春風、獲益良多。

歸納這席與他談話的內容，我寫在筆記本的重要紀錄共有三個亮點。

首先，侯董告訴我，他的外文能力很強，是他創業的基石。他念南一中時期，幾乎將整本英文辭典完全背熟，升大學時，順利考上國立大學外文系。我問他，語言是與生俱來的天賦嗎？他揮揮手告訴我，這都是下很大苦功得來的，不是天賦，只有勤奮。

剛出社會，他考進了人人擠破頭的中央通訊社擔任編譯工作。在那個年代，能夠擁有這份多數人稱羨的工作，薪水比別人好很多。所以，關於他學習語言這件事，我得到的亮點是：**只有磨練，才能熟練；只有付出，才會傑出**。

第二，創業初期，侯董其實並不是從事貿易，而是投入開設針織工廠的行列。

他告訴我，原先以為只要接獲大批訂單、提高營業額，獲利自然就可到來。經過幾年營運之後，他發現年年的營業額雖越來越高，但淨利並沒有隨之提升，有時反而更忙更累。他終於明白，工廠的營運重點在於「管理」能力。如果不會管理或無暇管理，只是大量地衝高營業額，沒有兼顧成本與費用控制，造成漏洞百出，那還不如縮小營運規模，穩健獲利即可。

經過創業幾年，侯董找出他真正的核心能力，不是工廠管理而是國際貿易。深思熟慮後，結束了有兩百多位員工的工廠，轉做員工只需要數十人的貿易公司。侯董這段往事，帶給我的亮點是：**找到職場的核心價值，不好大喜功，專注在自己最拿手的領域**。

第三，每次的國外出差，飛機一定搭商務艙。侯董告訴我一個故事，也是促成他爾後都搭商務艙的原因。他說，有一回要到日本出差，被航空公司升等到頭等艙。坐在他位置旁邊的是一位日本跨國上市公司總經理，因為侯董也精通日語，便與這位CEO閒話家常。更由於業務上有某種程度的交集與關聯，他們竟在飛機上談出了生意的契機。這是侯董公司營運上最為意外的收穫。

從此以後，他深諳一個道理，能搭商務艙的人，一定有兩把刷子，若沒有機會做成生意，能當朋友也是一樁美事。這個亮點真的很簡單，那就是：有機會貼近成功人士，向他們學習人生經驗，是快速成長的契機。以行銷學的角度來看，也可以說是：**選對池塘釣大魚，精準行銷，致勝機率當然較高**。

臨下車之際，我們留下彼此的連絡電話，也加了LINE。我從袋子拿出我的書送給侯董，感謝這段旅程他對我這位小老弟的分享與建議。雖然，原先想要在車上靜靜準備專訪的功課被打亂了，但這突如其來的人生驚喜，卻是讓我更甘之如飴的意外收穫。此趟高鐵商務艙之旅，對我而言，真是滿載而歸。

馬斯洛的職場五大需求

「四十歲，我想要當上銀行經理。」柏維用堅定口吻告訴我。

認識柏維是一個有趣的過程，起因一件房貸案件。當時，客戶已經要向柏維所屬的銀行辦理此筆房貸。後來因為我的好友推薦我與客戶認識的緣故，轉向找我承辦這件授信金額頗高的業務。想當然爾，柏維因為殺出我這位程咬金而痛失案件，一定對我心生不滿。

在客戶對柏維服務依然肯定，與一股英雄惜英雄的情懷下，我打了一通電話給柏維，告訴他，我想要約他見面好好認識一番。除了致意以外，也趁機認識一位年紀小我一輪多的優秀年輕人。想不到，柏維在電話那頭表現出極有風範的態度，答應我們的見面。

基於見面三分情，見了面就是朋友的關係下，我與柏維的友誼日漸加溫。我們不僅偶爾見面，偶爾通電話，也成為臉書朋友，他更在我第一本新書發表會，親自站台分享這段難得的緣分。當時他很幽默地說：「當吳經理打電話給我時，我真的嚇了一跳，那時我想說，我的人力銀行履歷應該是關閉的啊。」惹得台下聽眾大笑。

又一次北上訪客的機會，恰巧時間允許，中午有一個小時的空檔，我約柏維在一家咖啡館見面。這次的見面，竟讓我們聊出了一個好觀念。我將之定義為「馬斯洛的職場五大需求」。

在我問柏維關於自己未來職涯的規畫時，柏維告訴我，他的職場之路非常明確，就是希望四十歲能當上經理。以他現在接近而立之年，還有十年餘可以奮鬥，至於他如何大步向前，攀上巔峰，就是我們兩個男人討論重點。

眾所皆知，心理學家馬斯洛（Maslow）曾經提出人類的五大需求。分別是生理需求、安全需求、社交需求、尊重需求和自我實現需求五類，依序用金字塔往上的方式排列。我與柏維就用這個架構，將職場從下方最基礎的條件到最上層的關鍵要素找出，試圖幫助柏維釐清他的職場登頂之路。

第一層，我們的看法是「專業能力」。

對照馬斯洛的第一層**生理需求**，也是級別最低、最具優勢的需求，如：食物、水、空氣等，這一層主要強調讓自己具備活下去的能力。我認為擁有「專業」是不二法門。這裡的專業包含文憑、證照、基礎知識等。我曾經在大學生的就業講座分享一個職場觀點，那就是「**在職場中展現專業，否則就要服務到位**」。意指專業是找工作的第一要件，要是專業真的還不具足，那至少要懂得服務。

第二層，我們的見解是「學習能力」。

馬斯洛的第二層是**安全需求**，同樣屬於較低級別的需求，包括對生命安全、生活安定，以及免於遭受苦難、威脅等。「有專業，讓你走進職場；不學習，讓你滾出職場。」西諺云：「Leader is reader.」（領導者一定是閱讀者）說明經由學習能力的提升，才能讓你在職場上安全地活著。

我告訴柏維，學習有兩種途徑可以變得更強：其一是，培養閱讀和思考的好習慣；其二是，和比你更厲害的人在一起。因為學習是一輩子的事，只要找到自己的天賦，樂於學習，一定可以更好的。

第三層，我們的理念是「做人能力」。

社交需求是馬斯洛的第三層需求，屬於中間層次，這裡的需求泛指對愛與歸屬的需求。若以職場的發展來看，會做事算是基本門檻，會做人算是進階需求。而好人緣絕對是會做人的先鋒部隊。

柏維告訴我一個小祕密，讓我發現他的好人緣。他說部門同仁若要請假，需要找職務代理人時，他往往是大家最喜歡找的人。因為他總是願意將同事請假衍生出來多的工作幫忙完成。我相信這個願意助人的特質，是許多職場上班族欠缺的。

第四層，我們的歸納是「領導能力」。

尊重需求屬於較高層次的需求，是馬斯洛的第四層需求。尊重包含別人對自己的認同感與真實的名聲。也就是一種具有實際存在感的價值。我告訴柏維，要能當上主管，一定要有領導統御的實力。而所謂領導統御必須要具備三項技能，第一、科學的工作效率；第二、美學的做人身段；第三、哲學的溝通技巧。

關於如何成為一位傑出領導人這個角色，我給柏維兩點建議。其一，格局影響結局：一定要練習用主管的思維做事，也就是以老闆的角色出發來做決策，通常成功的機率比較大。其二，關懷使人開懷。要當一位真正受敬重、表裡如一的主管，一定要懂得真心誠意地關心別人。所謂「人飢己飢，人溺己溺」就是這個道理。

第五層，我們的結論是「貴人能力」。

馬斯洛的第五層是**自我實現需求**，是最高層次的需求，也就是實現個人夢想、願望，發揮個人能力到最大程度。能達到這個層級，代表著心想事成、美夢成真。我告訴柏維，縱使具有前面四種能力，若沒有貴人的提攜與拔擢，就猶如「萬事俱備，只欠東風」一樣，要當上經理一職只能苦苦等待。

職場貴人能否出現，我提供三個方向給柏維當參考。首先，找到屬於自己喜歡的職場教練，好好貼身學習。次之，有機會在公司的公開場合，一定要發表自己的意見與看法，讓老闆有機會更認識你。最後，持續地幫主管解決問題，讓他知道，你永遠都在他身旁。

一杯咖啡的時間，就能討論出馬斯洛的職場五大需求。若在未來的日子裡，又能幫助到柏維向上爬升，那真是太棒了！

插旗全台的人脈地圖

請問問自己，全台每一個縣市，是否都有認識的朋友駐點？乍想，我獨缺苗栗與宜蘭。也就是當這兩個縣市我有認識的朋友居住在此，就能達成插旗全台人脈地圖的全壘打！

近年，因為寫書緣故，上電台宣傳也就成為打書的一個管道。這當中，正聲廣播電台與我的緣分最為深厚。前前後後，我除了上台北總台接受主持人際夫與志蘋的訪問外，也到嘉義與高雄的分台上節目。

原先的安排，應該只規畫上台北的電台，為何會多出嘉義與高雄兩場呢？這其中原因蠻有趣的，我把它歸為「熱情分享，幸福開講」的緣故。

因為上了志蘋的節目，播出後頗受好評。恰巧正聲每季都會舉辦ＭＢＡ教育訓練課程，邀請各界人士前來分享，志蘋便向公司建議，可以請我到公司內部對正聲各分台的主管演講一堂關於「熱情工作」的講座。

因為那次活動，讓我有機會進一步認識正聲其他縣市的台長與主持人，也才能延伸出上嘉義與高雄分台節目的機會。若沒記錯，演講會後，我與正聲的同仁交換了十多張名片，也與其中幾位朋友加了臉書。

現在我加臉書的原則是，若是從臉書上看見值得互動學習的朋友，因為在現實生活彼此不認識，我都會發私訊告知對方為何加好友的原因。這個舉動，一來禮貌性地讓對方知道我是誰，有利於他按確認鍵；二來有機會經由文字與對方產生聯繫，對於深耕友誼是有幫助的。

在這一批名片上，赫然發現，有來自宜蘭台的新朋友碧玉。我心想，太棒了，若有機會到宜蘭旅行時，一定要找機會聯繫她。

基於我與碧玉也是臉書上的朋友，我會看見她的動態消息，她會知道我的心情故事，雖然相隔遙遠，但臉書上的訊息，讓彼此的距離拉近不少。

經過兩個月後，時值暑假，我正準備帶家人一同前往宜蘭旅遊。這時，我想起了碧玉，思忖這次旅行除了玩樂外，又能與當地的新朋友熟識，絕對是一兼二顧的好點子。

我發了訊息給碧玉，告知她，我在未來幾週後，即將展開宜蘭小旅行的想法。也表示想要藉這趟旅行，順道至電台拜訪她。想不到她馬上回覆非常歡迎我的來訪，甚至是用參觀電台的規格來迎接我，讓我受寵若驚。

在一陣閒聊中，碧玉問我有無事先訂飯店，又是否曾經搭船上過龜山島。我說均無。她便很熱心地告訴我有認識一位船長，若我想要登龜山島走走，她可以幫忙聯繫。另外碧玉又在南澳有一位開民宿的朋友，曾經上過她的電台節目接受專訪，碧玉表示曾到這家民宿參觀過，房間非常乾淨清爽，絕對是可以選擇住宿的地方。

聽到碧玉強力推薦，加上她熟稔當地人事，我馬上回說太棒了！我願意。隔了一天，碧玉即刻從私訊當中傳了民宿照片與附近的旅遊景點。當我訂房的時候，民宿主人因為知道我是碧玉的朋友，而算我便宜一些。更感動的是，船長還主動打電話詢問我登島事宜。在電話那頭，明顯感受到一定是碧玉的緣故，讓這位簡姓船長鉅細靡遺地告訴我，搭船旅遊行程要如何安排才能玩得盡興、值回票價。我想，這一切過程，沒有碧玉的從中協助是很難圓滿的。

我欲插旗宜蘭的人脈地圖，宜蘭的朋友卻先給我滿滿的溫暖回響，這是一種幸福的感受與記憶。有朋友真好，能得到朋友的認同更好。人生之美，美在於此。

經過這趟宜蘭旅行，全台人脈地圖只缺苗栗一角。希望在不久的將來，我能夠有機緣認識苗栗的新朋友，這將是美好人脈存摺的最佳詮釋。

以熱情牽動暖心緣分

張敏敏和沈芯菱有什麼關係呢？答案是台大博士班的同班同學。兩位都是我的朋友，但得知他們是同班同學這件事，讓我感到不可思議，也覺得有趣。

認識芯菱，來自多年前一場公益演講的邀約。那時，她已經是一位非常有名的公眾人物。她被《商業周刊》喻為「台灣版的諾貝爾和平獎」，《時代雜誌》稱其「天堂掉落凡間的天使」，《讀者文摘》評為「仁勇風範人物」，《天下雜誌》譽為「台灣史官」。諸如種種，都是稱讚她對台灣這片土地的無私奉獻。

那一場演講，就如同網頁上的介紹：「她的演講，讓想自我放棄的人，發現愛的力量；讓失去熱情的人，尋回工作的價值；讓猶豫徬徨的人勇於築夢。這般影響力，源於厚實的生命淬鍊，成長貧瘠的她，以一己之力脫貧助人，完成許多看似不可能的任務。」我因身在其中，如沐春風，見證到芯菱散發出來的熱情與活力是如此巨大。

有幸與她認識之後，我就不放棄與這位小我十六歲女孩互動的機會。因為有了手機號碼與通訊軟體，我會向她分享我所寫的正向溫馨小故事，她也會回饋我一些心得與看法，彼此保有良善的聯繫。芯菱因為用心，每年到中秋節前夕，她都會發信告訴我，可以向她家鄉的老農訂購文旦。她在書信的字裡行間，總是透露對這片土地的熱愛與關懷。她是這麼寫的：

親愛的朋友們～展信愉快！

感謝各位的鼓勵，芯菱甫獲2016年「總統創新獎」，台大商學院博士學業多所進展，並赴美國哈佛大學商學院研修，見習諾貝爾教授學範，東體西學，並蓄仁智，盼共同為台灣下一個十年而努力。

公益的腳步不曾停歇，對斯土斯民的關懷，是我成長的動力，今年家鄉的老欉文旦豐收多汁，看著阿公、阿嬤們笑開懷的臉龐，幸福感油然而生，分享這份濃郁甘甜的滋味，敬邀送禮、自嚐兩相宜。歡迎多加轉寄，圓老農的心願，再次感謝您的支持！

敬祝：中秋月圓、團圓、萬事圓

芯菱感恩敬上

我相信，芯菱這位了不起的朋友，從現在乃至未來，都會是影響台灣公益平台甚為巨大的一股力量。

而敏敏老師則是國內企業內訓的大師級人物，她在服務與銷售領域的授課經驗極為豐富。有一年，我在公司舉辦一系列教育訓練，得知她有開課，便很開心地到台北當起學生，聽她的課。也因為有這次見面機會，我主動向她打招呼問好，開啟了美好的友誼緣分。

那一次課後閒聊中，敏敏告訴我，她因為考上台大的商管博士班，未來授課的時間必然減少。當時，我並沒有問她為何要重拾書本，當一位正職學生，只對她這股勇氣與決心感到敬佩。

過了一年之後的暑假，得知敏敏老師在公司內部又開了一門課。學習心強的我，便又搭著高鐵北上，準備與敏敏老師第二次見面。

有著第一次見面的熟識感，再加上臉書上成為朋友的緣故，我與敏敏老師很快就熱絡起來。這次的見面，除了再一次見證她有料的分享外，也趁中午與她一同吃飯的機會，聽她訴說當一位全職學生的心路歷程。

「年紀這麼大了，回學校讓自己被侮辱一下也很好。」這是敏敏老師對於我問她重回校園有什麼感想的第一句話。當下，我甚是驚訝，以她學經歷之豐富，為何會有這樣的感受呢？

「現在的年輕人，好有創新力。與這群年輕又頂尖的台大學生較勁，如果沒有拿出真本事，還真的會被比下去。我總不能用倚老賣老的態度做學問吧！」她說。

我好奇追問，到底是誰能讓一代內訓宗師備感壓力，講出這番話？敏敏說：「我有一位同班同學極度優秀，舉凡待人接物、功課學問都是我推崇的對象。她的名字是沈芯菱。」

當她說出「沈芯菱」這三個字時，我大笑。接著告訴敏敏我昨天還與芯菱通過電話而已，您今天就聊到她。敏敏得知我也認識芯菱這位朋友後，不斷告訴我，她對芯菱真的非常敬佩。「讀書一流；人品上乘；公益無私」，這是敏敏的評價。

很榮幸，我同時認識這兩位傑出的好朋友。我一直認同「善緣好運」，也相信「物以類聚」。因為自己喜歡交朋友的性格，才有機緣在生命的旅途中遇見學習的對象。更難能可貴的是，想不到老天真會寫劇本，將我們三人的美麗情誼，寫在同一時空當中。

芯菱有心，公益用心；敏敏有情，學習熱情。該當向她們敬禮啊！

回甘的人生

在某次對飯店業演講的場合，我對他印象極為深刻。台下約莫有五十位聽眾，男女老少都有，唯獨他年紀特別大。我心想，依他的外貌與穿著，應該已達退休年齡，怎會與一群年輕人一同學習呢？更讓我驚奇的是，他不僅認真聽講，還拿出紙筆，頻頻記下重點。

演講會後，我主動找他聊天，才知道他是飯店「養護課」的員工，名字叫鄒健森。顧名思義，養護課的工作項目就是負責飯店內部的水電工程。舉凡冷氣、水塔等重要大型器具，都是養護課要維修保養的設備。

我冒昧地問健森兄，今年貴庚？「六十六歲。」他不假思索回答我。會後我邀他到飯店一樓咖啡廳喝咖啡、暢談人生，更好奇地問，這把年紀不是已經可以退休了，為何還想要工作呢？他的回答讓我訝異，也對於他的人生感到興趣。

「能夠上班真的很快樂。」這是健森的答覆。他告訴我一個小祕密，幾年前，在他養護課有一位同事，工作到八十幾歲才退休，所以六十幾真的不算什麼。他現在的工作雖然要輪班，但因為非常喜歡職務內容，再加上同事之間相處得宜，讓他每天都樂在工作，壓根不想要退休。根據他的說法，公司其實喜歡雇用年紀較大的員工，因為上了年紀會更珍惜這份工作，對於事情的處理也較有經驗，不容易出差錯。

年輕時剛出社會的健森，並不是從事機電相關工作，而是擔任報關行的業務。後來因為就讀高雄工專夜間部電機科，讓他興起想要學以致用的念頭，遂開啟他往機電工程領域發展的契機。

然而為何現在的他還能保有工作？說穿了，就是因為他還擁有「一技之長」的緣故。健森回憶，當年報關行的同事都笑他，沒事為何要離開錢多事少的工作，現在看來，他的選擇才是對的。如果當時他沒有改變的勇氣，現在應該早就遠離職場了。

因為找到自己的專長，逐漸讓老闆開始重用他、成為一位小主管。但，此時的他，真正的考驗才算開始。原來在職場中，需要的不是只會做事而已，「做人」更是重要的一環。健森說，四十歲之前，他血氣方剛、不太會做人，一路坎坎坷坷。雖然自己熱愛當下的工作，但冷冰冰的人際關係卻是一門極待修補的學分。他舉一個實例，告訴我他的感想。

「曾經公司有一位同事，家住高雄六龜，常常都會從家鄉帶著自家種的水果，比如蓮霧、芒果、龍眼等請同事吃。」健森表示，因為這位同事待人親切和善、笑口常開，又樂於幫助別人，公司同仁幾乎都很喜歡他。甚至，即便他已退休多年，在公司內部，都還可以聽聞懷念他的聲音。

這個現象造成健森很大的震撼，他捫心自問，到底是要當一位獨善其身的工作者，還是當一位能與同仁打成一片的仁者？想當然爾，他選擇後者。從那之後，他改變心態，不再以自我為中心，問的問題不是「為何是我？」而是「為何不是我？」健森笑開懷地說，現在的他，終於享受到人際關係變好所帶來的樂趣，這也是他到了耳順之年還能繼續優游職場的關鍵之一。

「讓自己生命的剩餘價值發揮到最大。」這是健森與我談話最後，所分享的人生價值觀。現在的他，生活除了上班以外，也因身為教會合唱團團員，有許多機會到醫院為病友唱歌、傳福音。他說，會講笑話與學會唱歌，是自己邁入暮年之際很重要的休閒育樂。他深知，有健康的身體與平和的心靈，才是最富有的人生。而他也正在享受回甘的人生。

約莫一個小時的聊天，我從健森兄的身上看見三個亮點。首先，他的一技之長讓他保有這份工作。這說明專業能力是他賴以維生的根本。再者，友善的人際關係讓他能夠在公司左右逢源，這是他持續樂在工作的原因。最後，他信仰的宗教力量，帶給他無比歡樂與安寧，這是體悟人生的最大禮物。

一場演講，為自己帶來一個朋友、一段真摯的故事。你說我怎能不愛上演講呢！

士傑的三位職場貴人

一句「我不快樂」，讓我想要認識他。

他是士傑，一位三十歲出頭的牙醫師。

因緣際會，認識了一對牙醫師夫妻檔，他們是洪永山與吳帛霓。夫妻倆在嘉義市的郊區開設人文新境牙醫診所。院內除了他們兩位執業外，也聘請了數位牙醫師輪流看診，連同護理師等工作人員在內，就有二十多位員工。

帛霓因為知道我在嘉義上班，有地利之便；又得知我喜歡分享人生，遂請我到診所演講，也算是對員工的教育訓練。我當然爽快答應。

演講當天是一個週日早晨。永山與帛霓的人緣很好，在他們強力號召下，溫馨的診所擠進七十多位聽眾，不僅高朋滿座，也讓我趁此機會認識了好多新朋友。而士傑就是其中一位。

演講結束後，士傑幫忙回復診所原有的擺設。我在一旁好奇問他，怎會來這裡上班呢？他的答案讓我大吃一驚，他說：「因為之前的工作不是很快樂，來這邊能讓我得到快樂。」

礙於能聊的時間有限，我與士傑約好一週後見面，聽他分享人生。

見面一開始是一種閒話家常的模式。我問他，為何會從醫呢？想不到，他給的答案如同上次一樣勁爆，讓我差點從椅子上跌了下來……

高中時期，士傑雖然念台北的明星高中，但成績總是落在班上後段，壓根是考不上醫學院的。可是神奇的事情發生了。士傑因為喜歡隔壁班的一位女生，又這位女同學成績非常優異，以考上醫學院為第一志願。

士傑天真的以為，若自己也能考上醫學院，就能與心儀已久的女孩成為大學同學。如此，近水樓台先得月，當然也就有機會與女孩交往。

這位成績優秀的女孩，經由推甄上了台北醫學院，更讓士傑知道，他一定要更認真才能考上北醫與伊人當同學。果真，愛情的力量很驚人，士傑真的考上醫學院，他聯考成績在班上算是名列前茅的。可惜，他上了中山醫科，而非北醫。

雖然無法與女孩當同學，但經由這次考試，卻是改變士傑一生的轉捩點。因為他未來的身分是醫生。我笑說，**這位女孩是他職場的第一位貴人**。

取得醫師執照後，士傑開啟他的白袍生涯。但他的不快樂日子也隨之來臨。原先以為，只要好好對待病患即可，殊不知，職場上的老闆、同事關係才是他的功課。因為看不慣老闆的行事做風，再加上與前同事處不好，士傑感受到工作上的不愉悅。

不愉快，那就旅行吧！士傑得知有一個柬埔寨五天四夜的海外義診行程。心想，既然工作遇到瓶頸，何不出去走走，讓自己透透氣也是一件好事。而這趟旅行計畫，竟是改變士傑後來職涯的關鍵。

士傑在柬埔寨認識了一位牙醫助理，名叫雪莉。他發現，雪莉好似有一般上班族不常見的快樂感。經過閒聊深談後，雪莉告訴他關鍵原因，她之所以快樂的源頭來自老闆的經營格局與領導風格。而雪莉的老闆就是人文新境的洪醫師。

士傑恍然大悟，原來造就他不快樂的原因，可能是無法與周邊同事好好相處造成的。雪莉建議他，可以南下嘉義與洪醫師聊聊。經與深黯心理學的洪醫師長談後，士傑明白，除了老闆與同事的友誼需要好好修補外，自己也應該要更成熟地看待職場的人際關係，也就是要有同理的心態，去看待某些事情。

我告訴士傑，**雪莉是你職場的第二位貴人**。是她的熱心協助，讓你豁然開朗。與洪醫師認識後，士傑並沒有馬上轉戰到嘉義上班。他知道，這個人際關係的功課還是要靠自己過關才是。經過一年多的摸索與磨合，士傑覺得已經成長不少。此時，洪醫師的診所因業務擴充之故，需要增聘醫師。士傑也就順理成章地加入這個大家庭。

來到新的診所，洪醫師非常注重醫病關係的維繫與牙醫技術的提升。士傑感受到自己的確還有許多不足之處需要努力精進。他說，洪醫師非常在乎診所醫師群的學習成長，只要對醫師技能有幫助的課程，都會鼓勵他們參加。這一年多來，他因為洪醫師的教導與進修，有著顯著的進步。

我接著士傑的話補充，**洪醫師的出現，就是你職場的第三位貴人無誤**。

聽完士傑的故事，我深深覺得「職場貴人學」不是一句口號，而是一種行動，需要努力實踐；不是一種偶遇，而是一種機遇，需要認真找尋。

關於職場貴人學，我有三個建議：

1. **好好尊敬身邊的主管，打造自己是一位懂倫理，知分寸的部屬**。
2. **願意多用心協助同事，讓自己在同儕間，成為一位受歡迎的人**。
3. **培養慈悲心與同理心，展現樂觀與熱情的態度，貴人自然降臨**。

這是我從士傑身上看到的三位貴人。我想，只要每個人常保積極行動力，並把握以上三個關鍵，必定也能和世傑一樣，和自己的貴人相遇！

教練也需要教練

眾所皆知，一場精采萬分的職棒比賽，除了欣賞球員在場上的表現外，場外教練的鬥智與調度更是輸贏關鍵。再厲害的投手或打擊者，也都是要聽從總教練的指示與授權，才能打出一場絕妙好球。正所謂外行看熱鬧，內行看門道，教練這份工作的職責，可說是心靈導師，能做到安撫人心、激勵士氣的功效；也是魔術師，要能成功改造球員，具有化腐朽為神奇的能耐。

因此，我比方職場如球場，業務就是球員，主管就是教練，績效就是勝負。一位傑出的球員需要教練指導，方能精益求精，更上一層樓。而一位好教練也需要多方學習，增長見聞，才能知己知彼，百戰百勝。

我比暐舜早進遠東商銀一年。維立是暐舜前任公司的老同事，後因對遠銀的了解與暐舜在公司好表現的激勵下，也在某年秋天和我們一起成為同事。他們兩位住台中，我住台南，除了開會有機會見到面外，多數時間都是透過電話互通有無。我因為比他們更早擔任分行經理職務，也更早進入遠銀服務，加上彼此惺惺相惜，當他們有任何問題與想法，均願意與我交流分享。他們告訴我，縱使已經成為教練，教練還是需要教練的切磋與指導。而我算是他們心目中的好教練。

他們提出幾項觀察。第一，他們認為從我身上看見濃厚的寬容同理心。在業績掛帥的金融業，分行經理業績壓力頗大，考核部屬幾乎都是只看結果不看過程。而我深諳員工心理學，以鼓勵代替懲罰、以激勵取代責罵。是他們覺得可以學習的。

第二，他們覺得我允文允武，除了拚業績做業務外，還能行有餘力，願意發心到校園演講、分享實用的觀念與想法給同學。這是他們認為擔任經理人較少見的。除了想要和我學習時間管理外，也希望從中了解我的職場價值觀。

謝謝他們對我的稱讚。他們的讚賞讓我想起這句話：「同業可以為師，異業可以結盟。」而我也相信，這是一種「成功者追隨成功者」的人生態度。

那一天，在台中拜訪完客戶之後，我約了暐舜與維立共進午餐，他們都很開心能一起坐下來吃個飯。當然，我們最珍惜的是，每個人都願意敞開心胸、毫無保留分享自己的職場經驗，不管是慘痛教訓，還是美好案例，都是讓自己快速成長的養分。關於這樣的聚會，我定調為，這是一場高水準的教練會議。

暐舜受我影響較大，當他剛從業務主管轉任分行經理時，常徵詢我分行營運的做法與意見。他領悟力很高，行動力特強，分行在他努力不懈經營下，招牌響亮且得獎無數。而他也成為公司的風雲人物。威風八面、沉穩內斂，是我對他的評價。

維立是我後來才認識的同事，因為他與暐舜熟，在一種愛屋及烏的心態下，與他的交流日趨密切，也逐漸發現他的好表現。維立思緒清晰，邏輯力佳。分行在他接手之後，脫胎換骨，煥然一新，績效大幅躍進。

簡言之，兩位都是明星經理人。

因為謙卑，所以受人歡迎；因為熱情，所以驅動世界。三人你來我往，聊著未來日子想要達到的里程碑。

暐舜說，當上分行經理這個職務，就是他的人生夢想，此生無憾矣。他補充道，因為過往的工作顛沛流離，造就他務實的性格，他立下心願，要成為一位傑出經理人，終生以此為職志，好好的過簡單幸福的小日子。而我的生活寫照，正是他所嚮往的。

維立很有企圖心。他說，希望有一天能揮軍北上，到總行擔任部室主管，成為一方之霸。之後，也期待能提早退休，轉戰到學校教書，將畢生所學傳授莘莘學子，成為一代宗師。兩人的職志清楚，築夢踏實，讓我欽佩。

他們聊完後，也都想聽聽我的看法。我說：「**每日一小事，人生一大事。只有讓自己活在日常，才能珍惜平常，更懂人生無常。**」我再說，其實我們比別人還要幸運，很多職場工作者或許比我們努力，都不見得能坐到這個位置，這是老天對我們的厚愛啊！

一場飯局，訴說著工作樂趣，也分享職場點滴。很慶幸的，我們三人都正走在夢想這條路上，互相激勵，寫下美麗的回憶。

一位年輕人的理財觀

緣起

想不到，七年前在大學演講的一堂理財課，是為了要幫助一位年輕人建立正確的理財知識。這位年輕人是在他大二的時候認識我，現在他已經出社會工作三年多了。我們加臉書成為朋友是在六年前。那時，僅是彼此按讚的朋友。一直到前年底，他突然發了一個訊息給我，開啟這段為時數個月的對話。

開始——

年輕人：家德老師晚安。知道你最近很忙，所以勞煩你一些問題，有空再回我就好！目前我工作還算穩定，今年過完就第三年了，薪水扣完勞健保剩三萬，我每個月存一萬，還學貸兩千五，房租三千五，手機費大概一千五至一千七不等，剩下是生活開銷，保險費一年三萬二。所以，想請問有哪些理財方式我能考慮呢？覺得錢存很慢……

吳家德：買基金，做定時定額，一個月五千元。這對你而言是最好的儲蓄與提高報酬率的產品。

年輕人：所以應該從原本的一萬儲蓄，拆成基金和活存嗎？

吳家德：可以。基金是強迫儲蓄與提高收益率的產品，活存是讓自己有周轉金的工具。

年輕人：買基金的話，能請家德老師推薦或建議嗎？就是我該找誰買？買的時候該注意什麼？

吳家德：建議你先上網查基金定時定額的資料，有不懂問我，這樣進步更快。

年輕人：好的！

三天後——

年輕人：定時定額似乎滿符合我目前所需要，也不用時時關注價格變動，那麼投資標的是我決定後，再去向銀行申辦，還是去銀行申請時會有專人提供我建議的投資標的？

吳家德：銀行都有精選的標的。我的建議是，可以在全球市場擇一檔未來經濟體較佳的扣款。

年輕人：我的金額目前只有五千，投入在單一檔就可以了嗎？

吳家德：對，一次五千一檔可以。

年輕人：我平常應該去閱讀哪些資訊或怎樣的文章？來了解我目前買的基金，還是就完全不管呢？

吳家德：當然要管，銀行會有對帳單。而網路都查得到資訊，也就是每日的淨值。

年輕人：我買的定時定額，就是每個月支付一筆錢去買一檔長期投資的股票？那什麼是基金呢？

吳家德：基金就是一籃子的股票。你買一檔基金，就是買這檔基金的投資標的，標的包括很多家有名的公司。比如科技基金就會買臉書、蘋果、微軟等公司的股票。

年輕人：那和我自己去買股票有什麼不同？

吳家德：專家操作是最大的不同。

年輕人：目前我的目的是希望有第一桶金，每個月五千，規畫五年會不會太少？

吳家德：不會，定時定額貴在持久。若能堅持，一定會有成果。定時定額是強調停利不停損的商品，千萬別因虧損而贖回。

年輕人：最後一個問題是，我想買在個人比較信賴、放心的基金。請問家德老師有推薦或是能夠介紹的嗎？

吳家德：先說扣款銀行，我建議找你的薪轉銀行為主，這樣就能在撥薪時扣款，較不易花掉。至於買哪一檔，我建議你先做功課。可以上網查詢定時定額的一些資訊。若有不懂，隨時問我。

一週後──

年輕人：剛剛上網查了一下，我薪轉的網路銀行能買定時定額耶。我已經開好信託戶了，可以直接下單嗎？

吳家德：可以。因為目前投資市場變化多端，故尋找投資市場為較低點，景氣面較佳的市場為宜。目前以ＯＯ，ＸＸ市場較佳。單一產業較建議ＡＡ與ＢＢ。

年輕人：基金公司的選擇，該如何考量呢？

吳家德：選大不選小，這樣流動性較佳。

年輕人：投資標的是買債券基金嗎？

吳家德：不是，是股票型基金。

年輕人：不建議債券基金的原因是？

吳家德：做定時定額目的是要增加報酬，比較適合股票型這種波動度大的商品。債券型波動度較低，不適合做定時定額。

年輕人：配息，不配息，除權又是什麼意思呢？

吳家德：配息就是基金把賺到的錢先行每月配給投資人，抑或可能沒有賺錢，但也是拿一部分的本金配給投資人（可能造成淨值下降）。不配息就是將資本利得或利息滾入淨值，有複利的概念。除權就是把每年的股息或股利配給投資人。

年輕人：基金計價幣別會有不同，那我今天若是扣五千台幣，要事先轉成美金嗎？

吳家德：基金投資可分為台幣信託與外幣信託。用台幣買，就是台幣信託；用外幣買就是外幣信託。因為海外基金都是美金計價居多，所以你的台幣會先換成美金投資。若你買的是國內投信發行的基金，就會用台幣計價，也就沒有匯率的風險。

年輕人：成長型和收益型基金有何不同呢？

吳家德：成長型偏重資本利得，也就是以賺價差為主。收益型強調平衡，也就是股債並重，較保守些。

二週後——

年輕人：家德老師晚安。如同上週日晚上一樣，正在鑽研基金叢書。請問基金經理人也是需要考慮的一環嗎？感覺要懂的還好多喔。

吳家德：基金經理人的確很重要，但卻是我們無法判斷的。因為過去績效，不代表未來績效。況且經理人也是會變動的。我的建議是，較不去看這個指標。

年輕人：目前看來，我的步驟是會先挑基金公司，再選標的好？還是先選投資標的再來挑基金公司呢？

吳家德：基金公司若是夠大，他旗下的基金都是夠多的。我的建議是後者為主。

年輕人：有些基金漲幅走勢一年報酬幾乎都是負的，怎麼還會在賣？比如黃金、原料類股這種。

吳家德：過去大好，以前漲很多。所以現在就會有很多投資人套牢啊。

年輕人：投資標的有好多選擇喔。以我目前的資金分配來看（一個月五千定時定額）是買一檔五千，還是買二檔三千好呢？

吳家德：我建議買一檔即可。

年輕人：看了一些書和您的耐心解說後，總算對基金有了基礎的概念。

吳家德：我一直不想馬上告訴你答案，就是希望你能從中得到學習的樂趣，藉由看書找出不清楚的再來問我，你就會更豁然開朗。既然已經懂了，那就下手吧！

年輕人：感謝指導！

吳家德：恭喜。

一個月後——

年輕人：家德老師，請問我買的基金明細中，單位數指的是什麼意思？

吳家德：舉個例子，蘋果一顆二十元，你有一百元，共可買五個蘋果。這五就是單位數；蘋果價格就是淨值。

四個月後——

年輕人：哇塞！報告老師，我的基金已經投資四個月了。現在損益不錯喔。

吳家德：那就請我吃飯吧。

年輕人：這有什麼問題，能和你吃飯，意義非凡啊！

後記

年輕人告訴我，在這開始投資的四個月當中，他深刻體會到，理財必須要去實踐。若只是聽聽、看看，是很難得到任何收穫的！我向他分享我的好友理財作家艾爾文說過的一句話：「不是每次花錢都能買到想要的東西，可是每次存錢都能撐起想要的夢想。」祝福這位年輕人，存錢快樂。

想認識誰，就去認識誰

在一次演講中，我提及與作家凌性傑老師的認識過程。

約莫十年前，我在書店買了一本凌性傑老師的詩集《海誓》。也因為這本好書，讓我知道國內文壇有一位年紀與我相當的傑出作家。在那個還沒有臉書只有部落格的年代，因為喜歡性傑的文字，遂將性傑的部落格加為最愛。只要有時間，都會上去瀏覽性傑的文章，有時也會在他的格子上面留言。

經過兩年的追蹤，因為太喜歡性傑溫暖的寫作風格，我思忖能不能有機會認識他，希望能從單純的粉絲身分，轉變為真實生活的朋友關係。

性傑在台北的建國中學任教，我上網查詢學校的電話後，鼓起勇氣就將電話撥了出去。經由總機將電話轉接到國文科辦公室後，我告知接電話的一位女老師：「我找凌性傑老師，謝謝。」只聽見這位女老師用極為宏亮的聲音叫著性傑的名字，不到三秒，性傑便在電話那頭現聲。

因為當了兩年的鐵粉，也因為與性傑在部落格有過互動的善緣，性傑知道是我打來的，也非常的驚訝與開心！

我告訴性傑，只要有回家鄉或到南部演講的時候，都可以提早告訴我，我非常樂意到車站接他。恰巧，性傑告知下個月有一場台南家齊女中的演講，我便自動請纓服務。有著兩年網路上的互動，性傑算是相信我的為人，只是覺得不好意思而已。而那一次會面，也就成為我們美好友誼的濫觴。至此，隨著歲月增長，我們的友誼逐漸加溫，越來越濃。

台下學員露出不解的表情問我：「老師，這樣就能認識一個人喔，有這麼容易嗎？」我笑著回說：「是啊，不然咧！」我繼續告訴大家，兩個我想認識誰就去認識誰的故事。

第一個是資深媒體人蔡詩萍的例子。

在我擔任銀行分行經理的第一年，我想要藉由舉辦人文講座，提高客戶的忠誠度。首先想到的優先人選就是蔡詩萍大哥。當時，詩萍大哥不論在電視圈或廣播界都有一定的知名度與好口碑。可是，我只是他的粉絲，他並不認識我，也沒有他的聯絡電話。

那是一個還沒有臉書的時代，無從發私訊給他。我想到的方法是上網查詢詩萍大哥的演講資訊，皇天不負苦心人，我終於找到了一場他剛結束的演講訊息。於是便立刻打電話給主辦單位，表明自己的身分，提及想找詩萍大哥來演講的目的，懇請主辦單位告知電話。經由窗口與詩萍大哥確認後，我也就順利取得他的手機號碼。

你以為要到手機號碼就能成為好朋友嗎？錯！至少要見到面。你以為見到面之後就算是好朋友了嗎？錯！還需要認真耕耘彼此的關係才算。在認真耕耘關係上，我做了兩件事情，建立更深厚的情誼。

其一，當詩萍大哥來台南演講時，我介紹府城一哥王浩一老師給他認識。浩一老師是一位文史與美食的雙料作家。我串起友誼的橋梁，讓他們兩位大咖能在餐桌上認識，聊人生、啖佳餚，也讓三人閒聊的話題，能夠延伸到生活的每一個角落。其二，詩萍大哥在南部的活動，舉凡演講、主持，若時間允許，我能參加一定參加。如此當能帶給詩萍大哥良好的印象。

第二個案例是江巧文小姐，她在我心中就是一位美好生活家的典範。

知道巧文這位朋友是因為她的部落格。多年前從網路搜尋資料時，不經意地進入她的部落格中。發現巧文不僅會寫生活小品，也非常多才多藝。舉凡鋼琴、書法、攝影、旅行等民生議題，都是她常常分享的內容。因為發現這位奇人太有趣了，也就開始追蹤她的動態。有一回趁著到台北出差之便，便發了封簡訊給她，邀約她出來喝杯咖啡。

想不到，巧文非常好客，直接約我到她住家喝杯茶、聊聊天。既然她都盛情邀約了，我當然沒有理由拒絕。就這樣，一趟北上之旅，我又多認識一位新朋友。也因為彼此認識越來越深，巧文啟發了我的寫作因子。

多年前，巧文發起「光陰地圖」的寫作運動，她要大家每天用部落格寫日記。

剛開始很多人參加，到最後能堅持一整年不間斷的就剩不到幾位，而我是碩果僅存的一位。現在回想起來，還真是因為認識她的緣故，才讓我順利邁向作家之路。能結交這樣的朋友，真是人生旅途的大幸啊！

從凌性傑到蔡詩萍，再到江巧文，我都是用心經營與每一位朋友的關係。而能想認識誰，就認識誰的關鍵，我歸納出三點原因：

1. **交友首重誠懇**：真心誠意又沒有任何企圖，是最容易交到朋友的要素。
2. **交往宜重樂趣**：認識朋友應該是沒有壓力的，一起吃飯，一起聊天，都能帶來快樂。
3. **交流注重互惠**：你是誰，是什麼樣的人，也會決定對方願不願意繼續與你深交。讓自己成為一位擁有深度內涵，以及樂於助人的朋友，是絕對必要的。

祝福大家，想要認識誰，就能認識成功！

我從臉書學到的人脈哲學

二〇一〇年七月四日，我開始學習使用臉書。

使用當天，我寫下這段文字：「我有一張平凡的臉，也愛讀書。所以，我開始研究臉書。好朋友們，請多指教。」從此開啟我與臉書的緣分。時至今日，臉書變成我最方便的人脈圈，也是建立或延伸人際關係最有效的工具。

真實的世界，朋友彼此認識，加為臉書朋友很平常。虛擬的世界，經由臉書的牽線，加為臉書朋友較複雜，因為成為朋友的要件，必須一個願打，一個願挨，方能成就一樁良緣。當然使用追蹤功能，默默地欣賞對方也是表達關心的方式。

經過這些年來，我想要分享我從臉書學到的人脈哲學。

❶ 向傑出人士學習：

臉書無國界，只要是名人或傑出人士幾乎都有臉書帳號。有些人只有個人帳號，有些除了個人帳號外，也都有粉絲專頁可以追蹤訊息。我曾經在書上寫了一篇〈臉書遇見陳嫦芬〉的文章，敘述經由臉書認識銀行家嫦芬老師的過程。

當時我寫了這段文字：「只要嫦芬老師有任何的PO文分享，我都能清楚知道，並認真詳實的閱讀老師的文章與生活心得。一段時日下來，慢慢也深刻的讓我知曉老師的處事風格與觀察事情的角度。這是我在網路世界裡，當還沒有辦法親自遇見老師時，卻彷佛已經拜她為師，有機會貼近她，學習成長的契機。」

要拜師學藝，就上臉書；要加強武功，就按個讚；要名師指點，就請留言。

❷ 寫日記交好朋友：

透過文字，溫暖別人；經由故事，打動人心。多年來，因為天天發文的緣故，讓我能夠與認識或不認識的朋友在臉書上互動。更因為有深度的往來，讓我與臉友能夠有機會約時間見面，成為更密切的好友。概算從臉書上，由不認識到真正見到面的臉友，應該已經超過一百人了。這是一個龐大的人脈存摺。

另外一個用臉書寫日記的好處是，許多原本不認識你的臉友幾乎都可以知道你是一位什麼類型的人。對於往後要約見面聊天、請益職場大小事，也能產生良善的印象，而有更進一步的往來。

天天記得寫日記，精采回憶不忘記；認真生活過四季，好友真心不算計。

❸ 延伸友誼的管道：

諸如演講、上課、社交等活動場合，我們都有機會認識一些新朋友。在閒聊當中，如果彼此聊得來，也有共同話題或興趣，我都會想與對方交換名片。若沒有名片，我就會請問對方是否有在使用臉書，十之八九，有臉書的機率很高，當下就能成為朋友。

請千萬別小看這個交換名片或成為臉書朋友的威力。試想，當你與這位只有一面之緣的朋友，在那次邂逅之後，突然有什麼事情想請教他，名片或臉書這兩條線索就是拉近彼此距離的關鍵。尤其又以臉書更為精準。因為你可以瀏覽新朋友的一些資訊，有助於判斷與你的價值觀是否相符。俗話說：「一回生，二回熟。」臉書絕對可以是很棒的推手。

臉書似名片，真假看得見；友誼開始初，記得加臉書。

❹ 找到助人的機會：

滑滑手機，看看臉友的臉書動態，是多數現代人打發時間的方法。朋友若是分享快樂喜悅的事，按個讚是一種喝采；朋友若是傳遞悲傷不幸的事，留言打氣更是重要。細數這些年來，經由臉書的訊息，我找到許多可以幫助朋友的機會，這是在沒有臉書時代所做不到的。

在臉書上看到悲傷難過的動態，若是我熟識的朋友，幾乎都會打電話給他，詢問可以幫得上忙的地方。若是較不熟的臉友，我會私下發訊息，傳達鼓勵安慰之意，並從中找到有可能付出的機會。我喜歡告訴對方，助人為快樂之本，施比受更有福，讓我們一起來面對難關吧！

你的人生那樣過；我的人生這樣過。若要人生好樣過；樂觀助人別錯過。

5 舉辦活動的平台：

我第一次舉辦的讀書會，因為有臉書幫忙號召而成功。甚至將近百場的演講，也是因為臉書的分享而能讓更多朋友參與。我發起幾場幫助弱勢的勸募活動，更是有臉書的正向傳播讓結果圓滿順利。也因此，我認為臉書除了是人脈耕耘的園地外，更是舉辦活動的最佳平台。

除了自己舉辦活動較好邀約朋友外，也能看見朋友在臉書上發出優質的活動訊息，這都讓自己有學習成長的機會。尤其，當你臉書上的朋友都是熱愛學習的人，你會發現自己的不足，也會警惕自己要更加精進才行。

你有活動我參加，我有活動你參與；成長路上你我他，一起學習不會差。

以上五點，是我從臉書學到的人脈哲學。你呢？也來告訴我你的發現吧！

三句箴言

我在臉書寫下簡潔的三句話，獲得極大迴響：

能外向就不要內向；

能分享就不要獨享；

能開心就不要傷心。

之所以寫下這三句話，源自於一位研究所即將畢業的學生問我：「老師，回首來時路，您有什麼建議給年輕人？」只記得當時我講了很多，並沒有系統地說，也沒有做總結，等到晚上回家，我詳實想著這個大哉問，才言簡意賅地用三句話歸納這個回答。

真的！短短二十四個字，道盡我四十多年的人生體悟。我想用一些想法來解釋這三句話。除了註解自己的人生觀，也帶給年輕人一些啟發。

能外向就不要內向：

大學畢業之前，我極度內向；往後的人生，我逐漸外向；現在的我，極端外向。是什麼原因讓自己改變如此之大？有兩個因素，一是當了業務；二是當了安寧病房志工。這兩件事情，改變我的一生，讓我更喜歡現在的自己。

做業務，內向是沒飯吃的。業務需要口語表達，需要有勇氣上台，更需要讓人看起來落落大方不會畏畏縮縮才做得好這份工作。以前學校的我，被老師評為內向、沉默寡言、不擅與人相處。那時，我也不覺得有什麼不好，只是希望自己的人際關係不要太差就好。後來，從事銀行的業務工作，因為每天都要拜訪客戶，聯繫客戶，與客戶搏感情，我發現只有外向才能將工作做得好。

我開始豁出去，從發ＤＭ開始。我發ＤＭ的八字箴言是「**遇人則發，見箱即插**」，哪怕被狗追、被路人白眼，也要將每天的量發完才願意休息。那段時期，我練習說話的藝術，博覽業務叢書，並找朋友Role Play加強自己的膽量。大約過了二、三年時間，我不僅喜歡在台下發問問題，也充分享受上台演說的樂趣。我發現，能將自己的想法表達給眾人知道，是一件多麼令人感到興奮的事。

走入安寧病房，則是第二個關鍵。當年的我二十八歲，知道人生最重要的一件事，就是生命多長不是我們可以掌握的，是老天決定的。安寧病房住的不是老人，而是瀕臨死亡的人。我清楚明白，能夠為生命所做的，是好好過每一天，不僅要精采絕倫，還要綺麗美好，而外向就是最好的潤滑劑。

我總相信，因為外向，能夠多接觸未知的世界；多認識不一樣的人；多聽到新奇美妙的訊息，外向是勇氣與自信的展現，也是活出快樂自己的最佳途徑。

能分享就不要獨享：

歌手伍思凱曾經唱紅一首歌〈分享〉，裡面的歌詞說著：「與你分享的快樂勝過獨自擁有……」是啊，能分享勝過獨享。分享是快樂幸福的開始，我總是這麼認為。分享不代表失去，反而是得到更多；分享不是不珍惜，而是一種愛相惜。

陳樹菊阿嬤分享賺來的賣菜錢，登上《時代》雜誌的百大風雲人物。葉丙成教授分享教育的新思維，勇奪全球第一屆教學創新大獎的總冠軍。我總是喜歡分享美好的事物與人生，得到周遭親朋好友的嘉許與肯定，這些都是因為分享所帶來的好處。

分享就是不吝嗇，是格局也是胸襟。分享更是慈悲的表現，猶如送人鮮花，自己也會沾到花香那般的幸福洋溢。少而願意分享勝過多才願意施捨。分享從不是數量與資源的命題，而是意願與智慧的顯現。

能開心就不要傷心：

聖經說：「喜樂的心乃是良藥，憂傷的靈使骨枯乾。」代表一個人若能每天保持好心情，勝過吃再多的藥物。若是每天愁眉苦臉，很快就會生病，造成身體的不適。這年頭大家壓力都很大，擔心這，也煩憂那；沒錢不快樂，有錢也憂慮，每天生活膽顫心驚，心情起伏不定。

我認為，要維持好心情真的不難。首先，把角色定義好，將生活的優先順序做好排列，每天只要能完成最重要的三件事，就是美好的人生。第二，降低物欲，「粗茶淡飯隨緣過，萬般自在不用愁。」錢是拿來讓自己更快樂的，不是用錢來懲罰自己的。賺多，花多；賺少，花少，一切都在自己的掌控中。第三，幫助別人，透過幫助別人，找到自己存在的價值，你會因為別人回你的一抹微笑而變得更快樂。

三句箴言，道盡自己的人生體驗。你的箴言是什麼？說來聽聽！

溝通是一門教養的功課

演講結束，一群同學圍著我不斷問問題，我除了相信這場演講算是成功的以外，也確信「人際溝通」這堂課，不僅職場上班族需要了解，尤其還在學的同學們都必須及早學習。

找我演講的是TED×Tainan的策展人溫順強同學。我們因為有共同的朋友而認識。那天，我的朋友約我喝杯咖啡，並邀請我順道與一位新朋友順強見面。而那一面之緣，竟是促成這場演講的主因。

經過數月後的某一天，順強突然傳一條私訊給我，問我有沒有時間與他見面，他想要請我幫忙，對TED×Tainan的志工群上一堂「組織溝通力」的課。

我們依約相見。還在成功大學念工業設計系的順強，非常有禮貌的將TED×Tainan預定要舉辦的志工訓練課程企畫書拿一份給我。「在這次工作坊的課程設計中，我覺得『溝通』是訓練的主軸。因為這是一群新的志工，需要在短時間融合與交流，才能將TED×Tainan的年會辦好。」順強如此告訴我。

順強繼續補充，他做了策展人半年餘，最感到力不從心的是，有時候沒辦法有效地與每一位幹部溝通。因為組織內有不同人格特質，大家想法與意見可能分歧，若無法藉由有效溝通，會讓組織運作失衡，產生更多不必要的紛爭。

我確認演講的時間許可，便義無反顧地接受這個邀約。

為了準備這場演講，我煞費苦心，除了博覽許多關於溝通的書籍外，也試著回想自己職涯工作二十載，曾經發生哪些因為溝通不良的案例，可供同學當成借鏡與參考。

當然，對於如何講好一場演講，我有一套清楚的邏輯，那就是將演講內容模組化。經過不斷編修，我提出一二三法則，那就是**一個特質**（**熱情**）；**二個觀念**（**任務**、**願景**）；**三個原則**（**共識**、**效率**、**分享**），希冀他們運用這些概念，提升組織的溝通力。

關於「熱情」的特質，我的解釋是，「熱情是一種態度，它包含對人的慈悲、對事的圓滿、對夢想的追求，及對現況的滿足。」我告訴這群志工，我的人生，熱情是血液，貫穿全身。有了熱情，就可以散發正向能量，對於達成與人良善的溝通非常有幫助。

而「任務」與「願景」兩個觀念，則是在成員之間搭起橋梁的利器。在組織當中，每人各司其職，都有自己的角色需要執行，難免會遇到想法與做法不同的窘境。因為彼此不是競爭對手，而是榮辱與共的夥伴，任務雖不同，願景卻一致，這是一種殊途同歸的合作關係。

我進一步告訴他們，溝通不若談判，也不是零和遊戲。不需要哪一邊贏，或哪一方輸，而是要達成雙贏的局面才是上策。

在組織需要溝通才能圓滿的前提下，我說明「共識、效率與分享」這三個原則。我說，大家一起無償參與組織正常運作，目的無非是要學習做人與做事的能力。基本上，組織成員的目標與理念應該是相同的，這是一種有共識的溝通。

溝通需要即時，更忌諱隱瞞。因為大家不需要爭功諉過，也沒有利益衝突的糾紛，把心裡的話誠實說出來是必要的。因為舉辦年會有其時效性，每個環節都要無縫接軌，才能讓事情有條不紊地進行下去。有效率的溝通是不可或缺的。

我進一步表示，組織運行難免出現挫折與困頓。夥伴們應該聚集在一起集思廣益，共商對策。在無障礙的交流下，達成解決問題的目的。這是一種樂於分享的溝通機制，才能達成共好。

我舉一個例子，告訴他們，因為溝通不慎帶來的傷害有多大。

因為到醫院當過志工的緣故，每次看見護理人員要對病患打針或注射藥物時，總會發現她們認真謹慎地將藥品名稱大聲念出，再經由複誦，確認無誤才會施打。當時我不解，藥品不是寫得很清楚了嗎？她們告訴我，百密難免一疏，透過彼此的提醒，才不會出錯。若是看錯藥袋上的名稱，草率打下去，是會出人命的。所以，溝通也是一樣，確認大家的想法無誤，再去執行業務，總是較為順暢。

一場 TED×Tainan 的志工培訓演講，讓我對人際溝通有更進一步的見解。

歌德曾說：「對別人述說自己，這是一種天性；因此，認真對待別人向你述說他自己的事，這是一種教養。」是啊，每個人若能把「溝通」當成「教養」看待，這個世界的紛爭一定能夠減少很多。

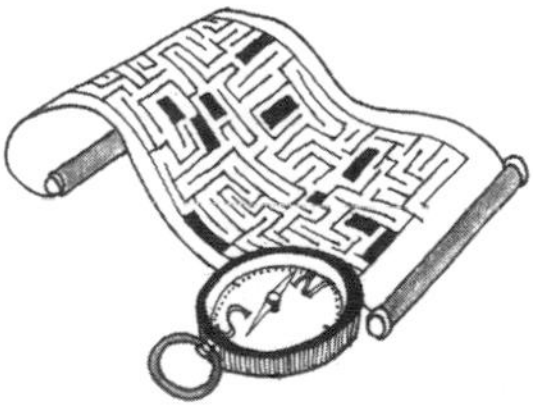

LEVEL

3

破關指南 3

態度，最核心的通關密碼

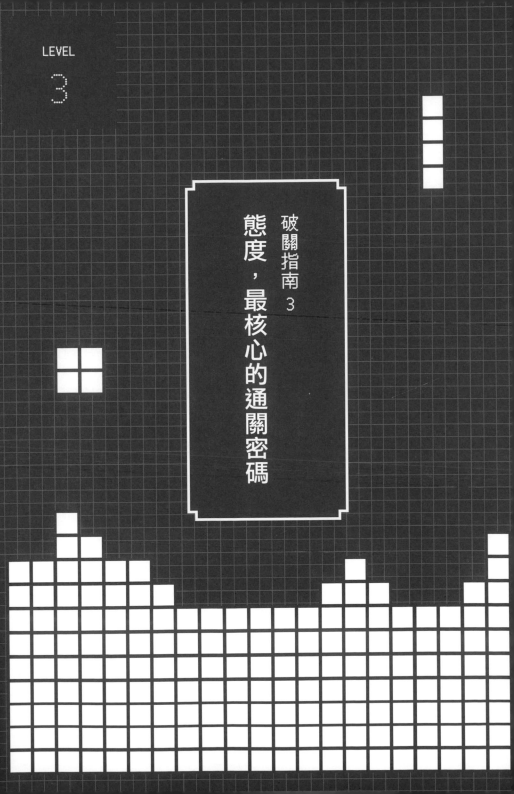

你怕被轟下台嗎？

多年不見的老同事小禹到公司找我。小禹是基金公司的通路業務，正巧我們有配合一檔新基金的募集，他特別到分行拜訪我，希望未來能合作愉快。

小禹以前是我前東家的理專。當時，我負責全省的理財業務，也算是他的間接主管。雖然他在台中上班，我在台南，我們仍然會透過會議與電話保持聯繫。我對這位年輕人第一印象就是憨厚親切和喜歡微笑。眾所皆知，擔任一名業務人員，具有這兩種特點是很容易讓客戶接受並喜歡的。

約莫共事一年餘，小禹就離開銀行理專的工作，轉戰到基金公司任職。而他離職的原因，一直到某天會面，我才真正知情，也深覺有故事性。

進到基金公司上班，一直都是小禹的夢想。除了自身是財經科系畢業外，他也喜歡研究金融市場走勢，分析總體經濟，當一位稱職的理財諮詢顧問。

剛踏出社會，小禹因為有表哥介紹工作的緣故，旋即到國內某上市公司擔任總務人員。在那三年職場歷練中，小禹的好個性與勤勞特質，讓他與同事之間相處愉快。但他依然沒有忘記想進基金公司上班的夢想。

小禹知道，要進基金公司任職，需要具備金融相關領域的工作經驗。也因此，他就先行到銀行擔任理財專員的工作，一方面培養本質學能，另一方面藉由銀行工作的機會，藉以認識投信投顧的通路人員，更能夠清楚知道業界生態。

一年多的理財業務洗禮，坦白說還是太嫩。但機會來了，小禹依然勇敢地把握住。某日，小禹經由朋友告知，發現國內有一家投信公司正要大舉招兵買馬，準備錄取四位北中南的通路業務人員。在金融海嘯尚未爆發的年代，基金與連動債的銷售方興未艾，銳不可擋，幾乎成為國人的全民運動。想當然，基金公司缺人就是一種常態。

經由投遞履歷，第一次有機會到投信公司面試，小禹就遇到震撼教育。

這次面試既簡單卻又很困難。簡單的是，公司交付一個財經議題，請面試者做一份報告，並在公司將近十位主管的面前報告二十分鐘。題目已經先行曝光，簡單吧！困難的是，舉凡投影片製作，內容的論述，口語的表達，台風的穩健皆是評分項目。對於很少上台，也未曾準備這類資料的小禹而言，的確艱難。

面試前一週，小禹雖然對議題生澀，但還是努力準備，每天幾乎不斷地啃資料，練咬字，展台風，無非就是希望能給評審一個好印象。

這天終於來臨，小禹帶著充分的準備上台，結果竟是……講不到五分鐘，就被台下的副董事長轟下台！他直接告訴小禹，可以不用再講了，結束這場面談。小禹這才領略到大公司老闆砲火的無情……

當小禹和我聊到這一幕時，臉上黯然憔悴的表情，我依稀可見。

結束這場面試的惡夢走下台，小禹像是戰敗的勇士，幾乎抬不起頭來。步出大門正準備回家之際，公司的人資主管尾隨他也走了出去並請小禹留步。人資主管安慰小禹：「別介意，每位上台的菜鳥幾乎都是被副董轟下台的。若真的很想來公司上班，可以再準備一次，參加第二次面試。」

什麼！難不成還要遭受第二次羞辱。被副董趕下台的畫面依然停留在小禹的腦海揮之不去。小禹原本想要告訴人資主管他不願意。但就是一股不服輸的態度和想要進基金公司的夢想驅動，他還是答應一個星期後捲土重來，準備二次上台。公司並沒有放過這批戰敗的選手，原先的面試題目再度更改。也就是說，小禹需要打掉重練，一切重來。

他認真思考自己戰敗的原因，可能是投影片製作不精美、內容文字沒有深入淺出、抑或報告邏輯沒有抓住聽眾胃口等都是主因。當他思忖要如何改善這些缺點時，腦海中突然浮現一位以前同事的身影。這位同事也是投資理財的好學者，在兩年前，更是憑著夢想與努力進到基金公司。「為何不去找他請益呢？」小禹心中盤算著。

很快地，小禹就聯繫上這位前同事，並告訴他即將接受面試挑戰的事。或許是小禹之前為人誠懇，待人和善，這位前同事幾乎將他十八般武藝傳授給小禹。在那

你能擁有服務熱忱嗎？

主管驚訝地說：「Wow！這是誰摺的天鵝呀？不錯喔，下次再摺兩隻放房間裡！」志恩原本只是單純想要拿毛巾自我學習，沒想到他認真地練習，卻意外被主管發現，於是激起想籌畫婚禮房布置的念頭。

志恩是一位剛進飯店上班的年輕人，也是我近年來認識的新朋友。他投入工作的程度，讓我欽佩。當志恩完成一次又一次的溫馨安排，也都贏得客人極度認可與讚賞。

我們之所以認識，起源於他是我的讀者。有天他發了一則訊息給我：「家德經理您好：我是志恩，偶然在書店發現您的新書，翻了兩三頁，就毫不猶豫地買下了！在週末夜晚，細心咀嚼您的文字，感受您的熱情信念，希望能在台北新書分享會與您碰面。」

一週後，當我舉辦台北新書發表會時，志恩如期出現與我見面。那時，因為人多，我們沒有深度交談，只合拍一張照片，握著他熱情的手也就說再見了。

過幾天，他又發一則訊息給我。「家德經理，想請問一下，下週三中午不知有沒有空？剛好我要提前回嘉義過年，如果有時間的話也許可以碰個面。」我回說，有空有空，一起吃個飯吧。

我喜歡志恩的主動積極。就是這般的善緣好運，志恩和他妹妹采蓉，就和我一起共渡愉快的午餐時光。有別於八年級生的浮躁與生澀，他們表現彬彬有禮，落落大方，彼此相談甚歡，印象頗佳。

而在那一次聚餐中，我也才真正了解志恩是一位什麼樣的年輕人。

志恩說，服務對他而言，就是「為人著想，帶給大家幸福與快樂。」

從小，志恩課業成績一直還不錯，但為了看棒球和旅遊這兩件事，讓他媽媽常開玩笑說：「如果把這些時間拿去念書，早就上建中、台大了！」

大學時期念東吳企管的志恩，除了課業與社團之外，課餘時間喜歡到處旅行，為了認識台北這座城市，幾乎用雙腳走遍每一寸土地。在旅行途中，志恩喜歡幫助國內外旅客，不管在旅遊服務中心、火車站、捷運站、公車站、馬路上，只要看到需要協助的旅客，他都會主動提供旅遊資訊，因此他以行動旅遊站自居，有時間的話更會親自帶這群有緣人走走，因而在大陸幾乎各省都有他的朋友，還包括日本、香港、澳門、新加坡、馬來西亞等，簡直是台灣國民外交的小幫手。

念大三時，志恩修了一門餐旅管理的課，是奠定他日後想從事觀光休閒產業的一大主因。他說，課堂老師曾到瑞士及日本求學，並擁有日航及飯店高階主管的經歷，信手拈來都是一段生動美好的故事，也是最好的上課教材。老師強調體驗實做，才能感受在餐旅活動中與人互動的快樂。

受到這門課的啟發，志恩陸續蒐集飯店相關資料，並藉由當兵的空檔，幾乎跑遍台北各大五星飯店面試及試做，讓他對實際工作多了一份了解，也報名相關的訓練課程，提升在飯店業的本職學能。

退伍後，志恩很快就找到一家五星級飯店的房務工作。

從飯店最基層的房務做起，起初真的覺得很辛苦，常常加班到很晚，心中也出現不少雜音。但，熱愛這份工作的本質並沒有擊垮他，經過一段時日，慢慢調整心態。他說，與其抱怨工作，不如自己拿下主導權，於是他開始發現問題，找出解決方案。

比如，提早一小時到公司上班，成為同時段最早上班的菜鳥，有著充分時間思考與學習英文。這個小改變，讓他的工作效率突飛猛進，也能更愉快地與旅客產生溫暖的互動。他補充說，在看似枯燥整理房間的過程中，其實是能帶給旅客舒適的住宿體驗，以及留下美好的旅行記憶。

志恩舉了兩個案例，讓我體會他因服務所帶來的幸福感。

其一，曾有位年紀頗大的房客反映空調問題，志恩簡單處理後仍無法解決，在等待工程人員來維修時，客人問志恩肚子會不會餓？要不要喝飲料？老先生說，「桌上的麻糬是我從花蓮買回來的，請你吃。」志恩回憶，客人待他如兒子般體貼，讓他十分窩心。

其二，一個阿拉伯來的家庭住飯店三個月了，志恩每天都會和他們打聲招呼，偶爾小女孩在他鋪床時，都會來找他玩。有次還在床上又唱又跳又滾，然後一路在走廊上狂奔，連媽媽都叫不回來。此外，他們總是在志恩整理房間時，靜靜地坐在走廊轉角聊天，一直耐心等待，志恩說，很高興有機會服務這一家人，讓他感覺到滿滿的熱情與溫馨。

「分享從來不是能力的問題，而是意願的問題。讓自己有料，充實自己的見識與閱歷，分享人生中的美好風景。」志恩非常熱血地告訴我。

我問志恩，未來有什麼期許與夢想呢？他表示未來需提升口語表達及業務能力，還有外語能力。短期目標仍以房務為主，以樓層領班為中期目標，再來是希望有機會到前台或行銷業務歷練，培養不同領域的技能，朝高階主管方向邁進！

我喜歡年輕人有夢想，有抱負，不怕挑戰，更從志恩身上看見這樣的特質。如果年輕人都像志恩這樣努力，台灣的未來真的很有力。我確信，志恩未來必定會是職場上發光發亮的一顆明星。

做真正熱愛、有興趣的事

到百貨公司有目的的逛街，想要買一個休閒用背包。酷夏的假日時光，百貨公司人潮眾多，除了享受購物樂趣外，另一個因素就是可以免費吹冷氣，達到避暑效果。

我選定要去的樓層，搭著電梯，直達目的地。

多數的專櫃都是年輕小女孩執勤，但這個櫃位竟是一位身材魁梧的大男生，引起我的好奇。當我開始用目光搜尋想要的款式時，眼尖的他馬上看出我的需求，隨即上前問我：「先生，您要哪一種類型的包包呢？」

他親切的詢問博得我的好感。我回覆想要黑色的、雙肩背、袋內功能性強的背包。「好的，我這邊有三種樣式符合您的需求，讓我一一來為您介紹。」他迅速地告訴我。

「這個袋子強調內裝功能，若您有聽音樂的習慣，這個包包還有貼心設計，可以放MP3穿洞接耳機收聽。另外這個是上週剛上架的，色澤全黑，簡約大方，雖沒有全部符合您的要求，但樣式絕對會是您喜歡的。另一個，我較不建議，雖然是黑色的，但內容量較小，可能無法滿足您的用途。」

「那……我就這兩個選一個吧。」我說。

他繼續詳實地介紹。「第一個包雖然不是全黑，帶點紋路，有一種較活潑的時尚感。袋子前方尼龍繩的交叉設計，有越野風，若您不喜歡也可以拆掉，看起來也就比較清爽。對了，現在這個包包有促銷活動，訂價打八折，再滿千折百，會比較划算。另一個因為是新品上架沒有折扣，比這個貴將近五百塊，但款式清爽，您也是可以考慮。」

我對眼前這位大男生刮目相看。他真懂「客戶心理學」！

所謂客戶心理學就是：「同理客戶想法，提供適合客戶需求的商品。」最後不論客戶選擇何種商品，都能達到成交的目的。

最終考量了價錢與實用性，我買了他介紹的第一款。

當這筆買賣成交時，我便反客為主，開始問他的來歷與背景。這是我生活的樂趣，也是交朋友的好方法。

原來，他就是這個櫃位的老闆，七十九年次，名叫益祥。

大學念資訊，出社會做保險，因為沒有人脈又稍微內向，做一年就打退堂鼓。當不知道自己還能做什麼時，恰巧他的朋友在夜市賣包包，問他要不要幫忙？益祥覺得自己本來就喜歡各種類型的包包，加上還沒有找到合適的工作，索性就到夜市幫忙賣包包。

這一賣，果真賣出興趣來了！

本著在保險業磨練出較不怕陌生人的業務特質，益祥的銷售功夫日漸成熟，也得到老闆的好評。但他覺得，在夜市賣的包包雖然便宜，可是品質良莠不齊，很難說服自己賣得心安理得。

做了將近一年，確定對包包有一種無與倫比的熱愛。為了兼顧品質與客群，益祥決定創業。

由於對包包生產與製作有全盤認識，他從網路找到幾家願意讓他代理的台灣品牌。另一方面，開始與百貨公司洽談設櫃事宜。從一開始的臨時櫃，到業績逐漸成長，進而轉成正櫃，這一路走來將近三年的時間，他傾全力做他喜歡的事情。

我問他這三年累不累？他說常常一站櫃就是一整天，說不累是騙人的。可是因為熟客越來越多，也是自己的興趣，成就感還是很大。

益祥的故事，讓我想起電影明星麥特．戴蒙二〇一六年為麻省理工學院畢業生所演講的內容，其中有兩段，我記憶深刻。

戴蒙說：「畢業生們，你們必須邁開腳步，做真正有趣的事、重要的事、開創性的事。」又說：「轉身面對你看見的問題，挺身面對，直接走向它們，直視它們，直視你自己，決定你打算怎麼處理它們。」

戴蒙對MIT的畢業演說，讓我想起歌德曾經說過的一句話：「當工作能與興趣結合時，你人就是在天堂。」我想，益祥目前的心境大概就是如此吧。

綜觀益祥樂在工作的原因，我想要提出三點分享。

❶ **踏出社會從事保險業務雖然有挫敗，卻是培養自己成長茁壯的養分。之後的夜市擺攤乃至百貨公司的設櫃，沒有這層業務歷練，很難成事。**

❷ **益祥沒有只想找「好做」的工作，反而清楚知道要「做好」當下的工作。他不好高騖遠，先從員工做起，經過時間的磨練，再自己當老闆。**

❸ **因為是做自己有興趣的工作，比較不會有工作倦怠。服務的熱情與鬥志相對會較為高昂，表現出來的樣子就能吸引客戶上門，自然業績就不會太差。**

益祥，好樣的。我會繼續向你買包包的！

梅格帶給我的人生啟示

當我從公司業績報表得知她的厲害時，我就想要找機會認識她。她是梅格，我的遠方同事兼好友。她的生命故事帶給我極大的震撼與讚嘆。當我第一眼看見她時，就知道這位女子不平凡；當我有機會與她交談時，也立刻明白這位女子的魅力何在。

她的不凡不是外貌，而是氣質；她的魅力不是口語表達，而是生命態度。來自戰地金門的梅格，身上流著「不服輸」、「不怕苦」的血液。而具有這兩種特質主要源於清寒的家庭。因為清寒，來台灣念國立大學的梅格，每一餐只控制在十元以內；因為清寒，她念夜間部的大學，白天幾乎都兼著兩份差事上班；因為清寒，碰上額外的開銷，也只能餓著肚子不吃飯，為的就是能將賺到的薪資寄回家，讓父母親扶養家中的七個兄弟姊妹。

研究所畢業後，梅格考上外商銀行，擔任二十四小時的電話客服專員。在那四年半的後勤工作中，梅格也是竭盡所能地加班再加班，只要公司需要同仁加班，她一定第一個報名；只要同事請假，她有時間代班，也一定答應。雖說遠在金門的老家經濟情況稍有改善，梅格還是沒有安全感，希望多掙點錢幫忙家計。

這樣的加班模式，畢竟能賺的錢有限。梅格自動請纓想要調到前線單位，擔任銀行的理財專員，希望透過業績超額達成，藉以賺到更多的獎金。這個轉職念頭，也真正改變梅格的未來。

將近二十年前，梅格開始從事業務工作。業務要做好，勤勞不可少。當同事六點下班回家時，梅格也是跟著大家下班，她並沒有留在公司繼續 Call 客，因為她知道，晚上六點到八點這段時間，是家庭的用餐時刻，不宜打擾。她會等到八點過後，開始打電話給客戶，告知公司的優惠活動與訊息，試著與更多客戶拉近距離。誠如日本經營之神松下幸之助所說，一個人下班之後的表現，才是成就未來的主因。梅格下班的關鍵兩小時，印證所言。

經過好幾年努力，梅格的客戶基礎越來越穩，忠誠度也越來越高。甚至，許多樁腳客戶開始大量介紹新客戶讓梅格認識，也讓梅格在諸多的業績競賽拔得頭籌，集許多榮耀於一身。

私底下我曾問梅格，這樣的生活難道都不會累嗎？梅格告訴我：「這就是生活，這就是人生，沒什麼好累的！當有機會改善家庭生活的任何一種方式都是好的，所以不累。」這就是我真正崇拜梅格的原因。

而讓我更加崇拜梅格的，是這個美麗感人的故事。

有一年，在一次公司舉辦的大型競賽中，梅格勇奪冠軍，安排要到新加坡領獎。不巧，梅格出國的日子竟是她父親要來台灣看病的時間。梅格的父親因為有心臟病與高血壓病史，基於台灣醫療的完備，梅格都會接父親來台定期回診。這次，依照慣例，梅格還是幫父親訂機票，安排回診事宜，只是在電話那頭告訴父親，這次因為頒獎的緣故，無法陪伴父親到醫院就診。

到達新加坡的第一晚，即是頒獎的重頭戲。當晚會主持人喊出第一名梅格的名字時，梅格緩緩地走了上台。這時，主持人突然停頓一下，告訴現場的來賓朋友：「在這重要的一刻，冠軍得主必定期待能與家人分享這美好的榮耀，我們有請梅格的父親出場。」霎時，現場響起如雷的掌聲。而梅格年邁的父親就從後台一跛一跛地走下去。

這種場合若發生在你我身上，我們會有什麼反應呢？當然是感動到痛哭流涕啊！梅格的淚水再也不聽使喚地潰堤而下。她萬萬想不到，公司竟然如此神祕貼心安排這齣感人肺腑的親子大戲。當主持人請梅格發表得獎感言時，梅格在眾目睽睽見證下，生平第一次對父親說出「我愛你」這三個字。梅格告訴我，在那傳統封閉的金門，父女之愛並不是能夠那麼自在地表達出來。

這個故事聽完後，我更深佩服梅格的勇氣與孝順。也確信，梅格的孝心應該感動老天，才能讓她的人生越走越順。

與梅格同事這五年來，她帶給我許多人生啟示：

❶ 孝順的力量：百善孝為先，所有辛苦都能化成美麗的代價。

❷ 業務的方法：觀念一轉彎，業績翻兩翻，梅格詮釋得很棒。

❸ 勤奮的精神：一勤天下無難事，勤不僅能補拙，還會成功。

年輕人，這個故事你有什麼啟發呢？

想做大事，先從「訂便當」開始

前些日子與集作家、文史工作者、旅遊家及電視廣播節目主持人於一身的謝哲青老師碰面。他因為來台南演講，我到高鐵站去接送他。我們認識三年餘，年紀相仿，喜歡閱讀，而有許多共同話題。

「十年寒窗無人問，一舉成名天下知。」是我對哲青竄紅的第一印象。而我相信他的走紅會很久很久，因為他憑藉的不是運氣而是實力。此話怎說？你去想一個人，每天工作不論多晚，一定閱讀到子夜兩點，然後清晨六點又起床工作。這樣日復一日極有紀律的自我要求，能不頭角崢嶸，又豈能不紅？這番話來自於他的太太艾霖的分享，真實性百分百。

在車上，我問哲青對現在年輕人工作態度的看法。哲青說了一個有趣的故事，告訴我他的想法。

「現在很多年輕人自覺能力高超，或許認為懷才不遇，或許尚在等待伯樂出現，心中只想做大事卻不想做小事。」他在電視圈常常看見這樣的例子。憑恃著高學歷，理當認為自己可以做行銷企畫、專案管理的工作。哲青告訴節目的老闆，若有這樣的人才，請他先從幫現場工作人員訂便當開始。

我好奇地問，為什麼要從訂便當開始呢？

哲青補充，一個劇組人員少則五十多人，多則百人，要能將這麼多人的便當訂好，是一件不容易的事。他說，從早上十點半開始訂便當，必須詢問每人要吃的口味，有人要雞腿，有人要排骨，有些人吃素與不吃某種食物，又有人想吃麵不吃飯等等等。光是問完就是一個大工程，這中間可能涉及何時問話、如何溝通，若別人在忙時，又該如何處理。這些都是一位剛出社會的年輕人應該要學會的人際學分。

之後，要能在一定的時間打電話給這些便當店，因為有些店家可能超過時間就不外送。又要請這些簡餐店的人員在中午固定時間前將餐食送到棚內，讓大家可以趕緊吃飯，以至於不會耽擱到錄製節目的進度。

哲青說，光是這三個步驟「訂便當；叫便當；發便當」就可以看出一個年輕人的實力。若這些事情都無法做好，更遑論交付他更重要的任務。我在駕駛座開著車頻頻點頭，非常認同哲青的這段談話。

有一種學問叫做訂便當，我想要分享這箇中的成功要素。

訂便當：懂得每人要吃的口味是第一要素。這不單只是問問而已，更是有沒有用心的結果。當年輕人能夠抓住每位大哥大姊的喜好，在職場的人際關係一定較受歡迎。這堂課學的是人際溝通。

叫便當：知道幾點幾分要打電話；掌控每一家便當店的送達時間；確實盤點便當數量與口味正確性，都是不可疏失的。這其中要學習的有時間管理、數字與速度的要訣。

發便當：依照排程，按照順序，有條不紊地發便當也是一件重要的事。這其中可能要掌握的是流程的控制與發送的正確性。當大家手上拿著的是自己想要吃的那個便當，這種感覺是舒服的。這堂課學的是讓自己成為一位可被信任的人。

一件訂便當的小事，可以成就一件大事。不僅能在職場好好生存，又能從中學習做人處事、待人接物的道理，的確是一個好的磨練辦法。年輕人，你會訂便當嗎？

公務員是這樣當的

我們相約在咖啡館，然後，這個故事就產生了！

第一次見到蔡宗翰，是在我們共同好友謝文憲（憲哥）的演講會場。那天，他是工作人員，裡裡外外忙進忙出，多數時間負責驗票。我約略知道他，只因從TED×Taipei看過他的火災宣導演講，便上前向他打招呼，遞出名片自我介紹。他靦腆地接過名片，立刻笑著對我說：「很高興認識你。」那抹笑容有鄰家大男孩的親切感。彼此寒暄幾句，我便走進演講會場就坐。

一週後，他臉書加我為朋友。並傳私訊給我：「吳兄，您好！那天在台南『改變的勇氣』演講現場有跟您見過面，非常開心收到您的名片！現在正在拜讀您的大作，希望之後有機會請您幫我在書上簽名。」我馬上回覆非常樂意，甚至到高雄找他都可以。宗翰目前在高雄市的消防局上班，原先在新竹任職，後來才轉調回故鄉。

接著他繼續在私訊告訴我，近日有一場演講在台南，若時間允許可以碰面。一得知會場就在我的家鄉新市區，便雀躍地答應他：「這也太巧了，咱們就當天見面吧！」

我們為何會相見，除了簽書是個觸媒外，與他工作的轉調有極大關係。

在前往咖啡館之前，我上網將宗翰的資訊瀏覽一遍，也將他在ＴＥＤ的高人氣演講「破解火場逃生的三個迷思」重新再看一次，這種ＫＹＣ（Know Your Custom）的功力，來自金融業的實務訓練。也就是了解你的客戶，讓彼此很快能打成一片。

我對宗翰有三點非常好奇。第一，他為何會上TED×Taipei 分享一場好演講？第二，如何走上簡報達人這條路？第三，成為公務人員的心路歷程。關於前兩點，我的驚奇不多。但關於第三點，如何成為一位傑出公務人員，是我在咖啡館裡品嚐到比咖啡還香的好故事。

宗翰高雄中學畢業，學校成績維持中上，選擇上好的國立大學，甚至從醫都沒有問題。但他卻選擇一條不一樣的人生大道，念了中央警察大學的消防系，至此注定他走上公務人員的道路。問他為何這麼做，他只說，不喜歡台灣的升學主義，希望走入大學之門後，能夠自在閱讀，不要一直受考試的拘束。

很快畢了業，宗翰開始從事國家的消防業務。他的表現傑出、努力出眾，可是他知道要在這部公務機器中維持「熱情」與「不凡」絕非容易。因為，公務人員普遍有著多做多錯、少做少錯的觀念。更何況，他只是個菜鳥，論輩分，輪不到他說話；論資歷，他尚需多所琢磨。

但，宗翰終究找到自己的天賦，就是透過演講與分享，讓他成為更好的人。

在消防局裡，宗翰從事防災研究計畫與政策的擬訂、推廣工作，簡言之，只要把計畫的步驟與行政流程做好，就能當一位稱職的公務人員。套句名言：「專業讓你稱職，熱情讓你傑出」，宗翰不僅把分內事做到稱職，也想透過熱情的演講將工作做到不凡。因為他篤信，付出才會傑出的道理。他開始製作打動人心的消防簡報，也經由自費參加簡報技巧與說故事工作坊的課程訓練，精進自己的簡報功力。

終於，機會來臨，他用五分鐘的簡報時間，努力讓五年來的用心被看見。也驗證「台上一分鐘，台下十年功」的法則。

因應高雄氣爆事件，長官指派他對國際獅子會做一場五分鐘的簡報。但準備時間只有三天，三天後就要上場。國際獅子會撥了新台幣一億元的經費，準備幫助這次的氣爆。宗翰簡報的結果，決定他可以為消防局募到多少善款來採買因氣爆而損壞的消防車輛。

他告訴自己用五百倍的時間，去做這五分鐘的簡報。換言之，就是在三天時間內，他每天幾乎用十三小時準備。最終，他成功募得八千萬元，替高雄市消防局募到極佳的硬體資源。

這場簡報，可說是在對的時間做對的事並且被看見。從此以後，蔡宗翰在消防領域的好名聲不逕而走。但，他也知道未來能為國家做的事還更多呢！

眾所皆知，不論是企業學校、機關團體，常常都需要消防人員分享基本防災的常識與觀念。可是很多消防弟兄，只會救災，不擅言詞或簡報。宗翰便負起這個教學重責大任，他努力到各縣市講演好的消防簡報與故事，並從中教會這群種子講師。他的付出與努力，深得長官與同仁賞識，成為一位卓越的公務人員。

剛提到，我們的相見除了簽書外，還有一個特別原因。那就是宗翰近日剛轉調到局本部，成為局長的機要祕書。這份工作讓他更需要戰戰競競面對未來挑戰，也就是這個原因，他因為看了我的書之後，希望向我請益職場的人際溝通與更深入待人接物的道理。我們聊了許久，我很欽佩眼前這位年紀小我一輪多的宗翰是如此精進與認真。而我也傾囊相授，告訴他我的職場經驗與心得。

關於宗翰的人生，我觀察到三件事情可以分享。

1. **找到自己的天賦，讓自己從事自己熱愛的工作。**
2. **努力精進的學習，讓自己的能力不斷與時俱進。**

是勤奮。自信能為業務的達標帶來無與倫比的信心，也是增強客戶有意願購買的指標。勤奮為業務的根本，天道酬勤，唯勤天下無難事，就是這個道理。

當晚，因為他被同事們包圍問問題，我與他的第一次接觸，也就在拍個照、交換張名片，寒暄幾句話之後就畫下句點。但我心中知道，這號傑出人物，我一定要與他更加熟稔才是。

數月後，藉由一次北上開會機緣，我到他服務的分行找他，想要與他建立更進一步的同事情誼。乍見，他記得我，給我一個大大的擁抱。說實話，已不記得當時聊了些什麼？但那一次的會面，的確為彼此的友誼加溫不少。之後的見面，幾乎都是在公司頒獎場合和他相會。他總是在領獎的舞台上，豪氣干雲地分享他成功的業務經驗。

我們算是氣味相投，他欣賞我的領導風格；我佩服他的業務長才。近些年來，雖然他在北、我在南，但藉由通訊軟體的聯繫與溝通，真的做到只有遠傳，沒有距離的好友關係。

因為擔任公司行內講師的緣故，到１０１大樓的訓練教室幫同事上「熱情服務與創意行銷」的課。恰巧，在１０１分行上班的煌堯當天也到公司加班而與我巧遇。他很開心我的造訪，馬上託同事買杯咖啡請我喝。

礙於上課時間已到，彼此無法久聊，煌堯索性在教室後方聽我上課。好似有一種既然不能與你談話，能夠聽你說說話也很滿足的意味。

在課堂剛開始的剎那間，我突然覺得，與其我老王賣瓜自己分享業務如何開發與行銷，台下的煌堯不就是一位可以現身說法的最佳代言人嗎?!當下靈機一動，我便請他與這群學員分享他的職場不敗定律。想不到，他在半小時內的經驗分享，成為當天課程的極大亮點，也是讓同仁有意外收穫的小插曲。

煌堯闡述他的業務之道，我的筆記如下。

在成為銀行的頂尖業務之前，煌堯的工作是估價人員。他明白，要能在職場出人頭地的捷徑，不是自己當老闆，不然就是當業務。他選擇後者。但因為完全沒經驗，煌堯的業務之路也是走得跌跌撞撞。但他一點都沒有氣餒，反而更加堅定信念，告訴自己一定要成功。

他舉出四個要件，讓我看到他的創意行銷。

第一，初當業務，煌堯知道要能更快上手，向成功者學習是必要的。他幾乎每天都去請益資深業務的作業流程與心法，讓自己少走冤枉路。這種用心學習，也讓自己快速成長。

第二，他要求自己每天在銀行營業廳幫客戶倒一百杯茶水，藉此發出一百張名片。這個動作就是要讓客人短時間能夠記得他，也讓客人知道有業務需求時，可以找他服務。這種真心付出，為自己帶來莫大的商機。

第三，到了繳稅季節，他主動幫客戶報稅，順理成章地化身客戶的家庭理財師。每逢過年時節，他不等客戶開口，總是預先幫客戶換新鈔，主動送到客戶的公司或住家。這種貼心服務，贏得客戶的讚賞。

第四，許多理財專員只會看客戶的帳上是否有存款，來決定要不要開發。卻忽略了客戶的住家地址也是一個可以觀察的指標。試想，當客戶家住在台北的精華地段，雖然存款餘額不多，也都會是財富管理的潛在客戶。煌堯如此細心的開發，果然成就自己的業務大道。

最後，煌堯告訴同事：「格局影響結局；願有多大，力就有多大」。台下則是爆以如雷的掌聲，來答謝他的分享。

走在老闆後面，想在老闆前面

假日時光，參加公司的一個戶外活動，必須早起從台南搭高鐵到台北。因為自己貪睡了一會兒，車子開到高鐵外圍停好車，便匆忙地跳上接駁車，怕司機不知道我很趕時間，即刻脫口而出：「七點十三分，快！」只見司機一臉鎮定樣對我說：「你不說，我也知道你趕時間。」

我驚訝地問他為什麼知道。他回答：「從你的動作就可以發現，因為你是用跑的上車，而且神色匆忙。」他繼續說道：「我做生意四十年了，商場上的動作看多了，幾乎只要小觀察，就可以知道這個人的特質與個性。」

這位司機大哥如是說，我不意外。因為每個人一定都有自己慣性的行為，有人急性子；有人慢郎中。有人就是臉臭臭；有人就是笑咪咪。基本上，只要認真觀察就很容易看得出來。我曾經寫下這段文字：「了解他人的所思所想，需要時間，這是**識人**；認清自己所處的位置，需要經驗，這是**識相**；知曉以眾生利益優先，需要智慧，這是**識大體**。識人、識相、識大體，是我工作精進的原動力。」

但我不解的是，眼前這位大哥竟說自己在職場上已經打滾四十年，他看起來明明只有大我十歲上下。經過我一番追問，他才鬆口說自己是四十一年次，真的大我二十歲以上。可見生活閱歷，還是會影響一個人的智慧與風格。

這位司機大哥見我愛聊，就告訴我另一件事。他說，其實依排班先後，要來載我的應該是另一位同事，但因為那位同事正在吃早餐不想馬上出任務。而他知道早上乘客一定都是較趕時間的，遂放下餐食，以乘客為優先。他誇張地說，曾經有一頓午餐，吃了數十次都無法吃完，只因他要一直出勤載客。下車前，司機又告訴我一句經典的話，讓我印象深刻。他說：「因為自己曾經當過老闆，我知道把工作做好是天職，老闆才會願意為我加薪啊！」

這位司機大哥的作為，顯然具備職場的潛智慧，就是「**走在老闆後面**，**想在老闆前面**。」所謂潛智慧的「潛」，就是一般上班族較不常注意到的職場規則。這有點像是「做完是負責，做好是當責」的概念。

順利搭上高鐵後，因為這位司機大哥的作為，讓我想到另一個也是「走在老闆後面，想在老闆前面」的故事。

某一年，公司舉辦年度業績競賽。我是分行經理，當然責無旁貸帶領同仁往前衝。在業績即將結算的前一週，我的分行暫時名列第三。當然，時間還很充裕，是有一股坐三望二搶第一的態勢。於是我便召集同仁一起開會，共謀後續的打仗策略。

席間，我先向大家告知目前全行的業務達成情形，也將自家分行的現況做一說明。接著就向同仁宣示：「依照進度，我們是有機會奪冠的，只要秉持不放棄的精神，大家再嘗試一些做法，或許真的能美夢成真。」

此時，同仁甲率先發言：「報告經理，我們分行目前排行第三已經不錯了，大家也拚戰許久，依照進度，我們不可能太差，其實不用太拚，應該可以休息了。」

甲說完後，許多同事幾乎也都附和他的看法，好似真的應該維持現狀即可。

我回應甲說：「同事都很盡力，我可以感受得到。但這是一個契機，因為我們已經躍升到第三，若有機會得冠軍，為何不要呢？」接著告訴大家一個關於堅持的概念，「**面對困境，再加把勁，就有途徑；山窮水盡，懂得轉進，成功就近**。」希望同事再好好地拚最後一哩路。

分行會議結束隔天，我收到一封Mail，是同仁乙傳來的。他在信中這麼說：「報告經理，經過昨天的討論，或許同仁們都希望休息，但我和你持相同的看法，既然已經拚到第三了，何不再接再厲，往奪金之路邁進……我想要提供執行奪冠業務的策略，以下有三點，請經理斟酌看看是否可行……」

在我讀完乙的業務計畫後，內心相當澎湃感動。我確信乙具有「走在老闆後面，想在老闆前面」的思維。這也是我非常欣賞的職場人格特質。那一次的競賽，我們沒有拚到第一，但同仁乙的表現，讓我對他刮目相看。多年後，我調離這家分行，與乙總是保持良好互動。而乙也不負眾望，受到其他老闆的賞識，當上了分行經理。

我只看過用「老闆思維工作」的員工成功案例，但從沒有看過用「員工心態工作」的老闆成功案例。職場要成功或許方法很多，用老闆的心態與格局做事，不僅長治久安，也較容易升官加薪喔！

工作是自找的

小J是我之前在外商銀行的同事。

他進公司的原因很特別，是自找的。這裡所說「自找的」，並不是自己投履歷到人力銀行等著公司發通知面試，也不是透過朋友或獵人頭牽線而找到的。小J的狀況是，因為他喜歡這份工作，雖然公司並沒有要徵人，但他走進銀行告訴分行經理，說明他想要應徵工作的來意，等待一段時日後，分行經理竟通知他來面試而進來上班。

當我得知他進公司的原因後，感覺非常新奇特別，直問他哪來的想法，願意接受這種挑戰與不怕拒絕的勇氣。他說：「工作如尋寶一樣，都要自找才會快樂。」不曉得當時他說這句話的畫面，為何一直在我腦海中停留數十年沒有忘記。多年後，因為自己職場的體驗與感受，慢慢了解這句話的精髓。它代表的是一種積極主動的「權利」與認真負責的「義務」。積極主動是一種行為，是職場永保安康的護身符；認真負責是一種態度，亦是打造個人品牌的前哨站。或許這就是毛遂自薦的極致精神吧。

小J的例子，也影響我的職場生涯。我進遠東銀行的原因，也是自找的。

五年多前，當我正準備離開前東家時，我寫了一封長信給當時遠東銀行的總經理洪信德先生，信中提及，若有機會可以到遠東商銀服務，是我非常優先的選擇，希望洪總可以和我談談。很快的，我就收到洪總的回信，請ＨＲ與我聯繫，這是我職場第一次毛遂自薦成功的經驗。說實話，那時也不知道哪裡來的膽量與信心，就這麼把這封信寄了出去。也謝謝洪總的牽成，讓自己職涯之路可以更上層樓。

再說一個自找的案例。

我有幸成為佛光山南台別院義工將近十年。從南台別院舉辦「化世益人」、「安樂與富有」一系列二十八場講座開始，我擔任講師的邀約工作也是自找的。我真心認為，若不是自己自找的這份公益差事，人生應該乏味不少，也沒有辦法認識那麼多作家朋友，進而成為一名作家！

演講舉辦的第一年我沒有參與，到了第二年，師父得知我認識作家蔡詩萍先生，麻煩我藉由彼此的朋友關係邀約詩萍大哥下台南演講。那時，我認識的作家除了詩萍大哥外真的不多。後來因為時間喬不攏，詩萍大哥當年就無法與會。當時，我挺自責的，告知師父，若還有其他名單需要邀約，我非常願意幫忙聯繫，也算是彌補沒有邀到詩萍大哥的遺憾。

師父看我極度認真也當真，就開了兩個名單請我幫忙。我記憶非常清楚，一位是超馬好手林義傑先生，一位是法藍瓷總裁陳立恆先生。不負期望，我花了一些時間與力氣，終將兩位名人請到佛光山南台別院演講。這件事之後，我在師父的心目中，建立了一個願意付出、樂於配合的好口碑。時至今日，這些年來的講師邀約，住持師父們總是願意信任我，將受邀名單請我聯繫，也讓我與作家朋友的緣分越來越深，轉而認識許多出版社編輯朋友，才有機會因為自己愛寫作的緣故，也成為一名作家。這都是因為「自找的」，產生始料未及的美好結果。

我喜歡告訴年輕人，多一些自找的，少一些別人幫的；多一些自願的，少一些被迫的。人生也會因為自動自發而有不一樣的結局。

鈴木一朗教會我的職場智慧

鈴木一朗的美國職棒三千安，終於在球迷殷切的期盼下打出來了。不可否認也無庸置疑，鈴木一朗絕對是這個世代最偉大的棒球巨星之一，他在大聯盟保有單季揮出最多安打兩百六十二支，和連續十個球季打出兩百支以上安打的輝煌紀錄。

鈴木一朗在球場上的終生成就，深深激勵著我，而我也相信他在球場打拚的故事，亦能當成上班族職場奮鬥的借鏡。也就是職場如球場，為求好表現，道理是相通的。

小我十天出生的鈴木一朗，因為受到父親啟蒙，從小學階段就立志當一位傑出的棒球選手。幾年前，網路流傳一則由鈴木一朗代言的廣告，內容為一朗在童年時寫的一篇名為〈夢〉的文章，文內道出他想要成為日本職棒傑出選手的夢想。關於這個夢想，並不是嘴巴說說而已，一朗的身體力行與苦練實練，佐以自信與勇氣，果真為他帶來甜美的果實。

所以，鈴木一朗教會我的第一個職場智慧是：「**夢想驅動成就；努力達成夢想**」。我認為，一般上班族幾乎都缺少夢想動機。當不知道要往哪邊走時，最有可能的結果有兩種：其一是，因為沒有明確目的地，就會常常多走冤枉路，造成曠日廢時，徒勞無功。其二是，道路上遇到任何阻礙與挫折，很容易產生畏縮心態，裹足不前，甚至提前放棄。

在我進銀行上班初期，就已經立下要當分行經理的夢想。當自己一步一步實現這個願望時，心中有一股極大的成就感。我相信，這都是自己先寫下夢想清單的結果。

在鈴木一朗二十多年的職棒生涯中，他鮮少受傷。根據報載，他只有在二〇〇九年大聯盟開季時，因為輕微的胃潰瘍進到傷兵名單，其餘時間都能待在所屬球隊好好出賽。這種嚴格預防受傷的心態，令人欽佩。有記者問他，為何會如此的保護自己身體，鈴木一朗笑說：「我領這麼高的年薪，就有相對責任要讓自己身體健康。」

關於日常的行住坐臥，鈴木一朗自有一套生活模式。他訓練讓自己的肌肉越來越柔軟，賽前的暖身也有一定標準作業流程，甚至在比賽當下，他也會評估，當要接一些有機會成為安打的球，定會以不受傷的前提去完成接球動作。這些細節與觀念，都是讓他成為偉大球員的關鍵。

將鈴木一朗這套球場保健之道轉換到職場，他教會我的第二個職場智慧是：**「健康的身體與自律的心理，是創造幸福職涯的源頭」**。不論是基層員工，乃至於高階主管，大家均汲汲營營地打拚事業，忽略了保健身體，導致提早離開職場，這都是令人感到扼腕的結果。

「跑得快，不如跑得遠；跑得遠，不如跑得久。」這是我近期體會的職場心得。當年紀來到中年之後，看見許多朋友或長官，因為身體因素而退出職場，讓我篤信身體健康才是財富的根源。

鈴木一朗曾說他要打球打到五十歲，我認為這絕對不是玩笑話而已。

不曉得你有沒有和我一樣，目睹他擊出三千支安打的歷史畫面。這個偉大時刻，我從網路上重複看了好幾遍。真的很巧，鈴木一朗的三千安是一支三壘安打，正好打在馬林魚擔任客場休息區的前面。當他擊出這支安打時，他的教練與隊友紛紛蜂擁而至，向他擁抱恭喜。

這個經典畫面，讓我深深覺得，鈴木一朗的成功，不單只是球技精湛受到大家喜愛而已，他待人接物的好人緣與謙卑恭敬的態度，更是讓他顯露偉大的主因。當媒體爭相報導，他打出美日職合計的四千二百五十七支安打，是否算是打敗美國職棒安打王羅斯（Pete Rose）的紀錄，成為世界全壘打王的同時，包含羅斯本人都跳出來質疑，卻聽不見也看不到鈴木一朗表示意見。這種安靜地打出成績，不與人爭的風度，讓我更加佩服。

關於這點，鈴木一朗教會我的第三個職場智慧是：「**謙虛有禮的行事作風，是職場永保安康的護身符**」。要在烏煙瘴氣的職場環境立足，多數不在於做事的專業技巧，而在於做人的口碑風評。也就是光只會做事是不夠的，還要懂得做人的基本原理，才是能在職場逢凶化吉的關鍵。

年少的我，為了在職場出頭，不惜樹敵，總是搞得自己心煩意亂。現在的我，經過歲月的淬鍊與職場的經驗，讓我更加懂得與人為善，凡事用同理心來處理事情，反而左右逢源，職場順遂。我想，這都歸功於逐漸懂得做人處事的道理。

鈴木一朗能在球場馳騁數十年如一日，靠的是「夢想」、「健康」與「人緣」。我則希望學習他的好特質，也讓自己能夠在職場如魚得水，樂在工作。

別再說時間不夠用！

因為第一次出書的緣故，上了數十個廣播電台接受採訪。每位主持人都很認真看我的新書，他們提的問題也非常有深度，每次訪談幾乎都是行雲流水，沒有吃螺絲，但礙於時間有限，儘管意猶未盡，也只能結束訪談。

這其中有一位主持人，因為驚訝於我身為一家銀行分行負責人，卻還有這麼多時間可以寫書做公益，令她相當匪夷所思。索性，便請我上第二次節目，要我談談「時間管理」這個議題。我很快地答應她的邀約，因為上廣播還真是一件有趣的事。而這位主持人，就是央廣「自由風」節目的朱家綺小姐！

不只是家綺，還有許多朋友對我的生活步調感到好奇。他們總覺得在銀行工作不是已經夠累人了嗎？每天要管理業務，又要拜訪客戶，怎麼還有那麼多時間可以到處趴趴走。而且，所做的事情都是以幫助別人為主，難道工作與生活不會衝突嗎？該如何取得平衡，是他們想要知道的。

因為家綺的邀約，讓我有機會再一次審視、說明自己的時間管理狀態。生命若是一條長河，我會將「時間管理」拆成三等分。

時間管理只是中游，行動與效率決定時間安排。

能量管理才是上游，熱情與慈悲掌控時間品質。

事件管理就是下游，經驗與分享創造時間價值。

我分別從上中下游解釋如下：

能量管理是整個時間管理的核心。我總認為，時間管理目的是要駕馭時間而非被時間綁架。很多人以為將行程塞滿，每天忙到焚膏繼晷，就是最佳的時間管理詮釋。或許這種作法能降低無聊與空虛感，但只要往後感到體力不繼，賺到疲勞又沒有功勞時，就開始會有倦怠感。漸漸地，夜深人靜時，更會感到為誰辛苦為誰忙的窘境。這就是我想要表達的，時間管理的核心是能量管理，唯有將能量調到最佳狀態，做任何事情必能事半功倍，日漸有功。

能量管理需要的是品質，而非數量。我的經驗告訴我，找出熱情的長處與慈悲的天賦是關鍵。熱情就是喜歡現在的自己，接受老天安排去做發自內心的事。慈悲是美好生活態度的展現，那是一種對人有益，對己無虧，對事圓滿的狀態。當擁有熱情與慈悲，做任何事情就不會有疲憊感，甚至覺得自己越做越開心，越做越起勁。所以，時間管理需要能量管理的支持才能走得久走得遠。這個階段的練習是，找到自己極度喜歡的工作，全力投入它，縱使沒有薪水沒有掌聲，都甘之如飴。

時間管理是展現能力關鍵的要素。當能量具足，要做任何事情靠的是行動與效率。我喜歡用行事曆記錄自己每一個行程，以前是透過筆記本，現在則是靠智慧型手機。不論大大小小的事，只要已經承諾或願意配合的事，我幾乎都會寫在手機上。讓每一個行程，經由手機善意提醒，不遺漏任何既定安排。

這個階段的重點是，該如何安排行程，又該如何取捨。我的重點是「**抓大放小**，

說走就走」。

抓大放小關鍵是排出事情的輕重緩急。我不會野心太大，讓自己行程滿檔，但會找出最有效率也最符合他人利益的事去做。如此一來，能夠有助業務績效，又利於生活步調，讓人能夠樂在其中而不感疲倦。

關於說走就走，是很多朋友對我的疑惑，他們覺得我身上應該有裝勁量電池，為什麼行動力比別人強？其實這是有原因的。答案很簡單，就是我不想讓自己感到遺憾。很多人在時間安排上，對自己的某些想望與規畫，常常覺得等到退休再做，或剛好有安排重要行程，再順道去做次要的事。但我深知，時間是朋友也是敵人，很多時候沒在當下身體力行，可能就再也來不及了。最常見的是，想出門遠行但自己年事已高，礙於身體卻哪裡也到不了；或者總想有空、有機會再拜訪重要朋友，但對方竟倏然離世，彼此再也沒有相見的機會，徒留遺憾……

事件管理是快樂人生的甜蜜回憶。愛自己正在做的事，又佐以行動與效率，想當然爾，這樣的結局必定是美好且快樂的。因為大量的事件管理，累積自己豐富的經驗與故事，當同樣的事情再來一遍時，就能輕鬆面對，輕騎過關。若是能將這些事件透過言語或文字分享給別人時，便是美事一樁。

時間管理不難；工作與生活要平衡不難。難的是自己的心態與價值。我喜歡幫助別人，當知道時間有限時，就會很努力找出時間去做公益；我喜歡分享生活，當知道時間不夠，就會經由寫書與演講傳遞真善美的普世價值。

別說你時間不夠用，端看你怎麼用而已。

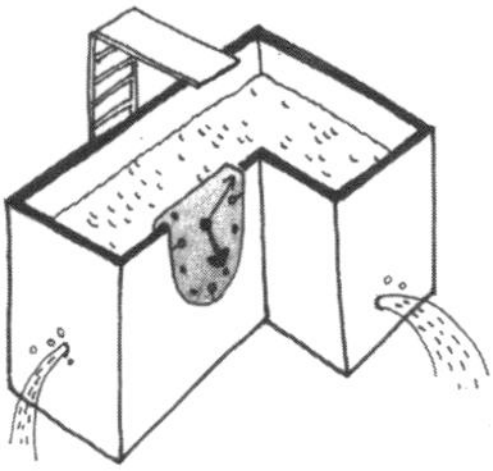

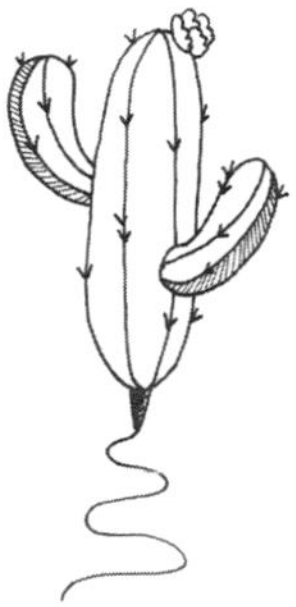

LEVEL

4

破關指南 4

工作之外，打造好感生活

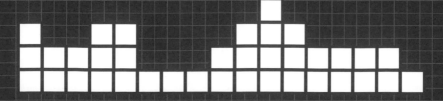

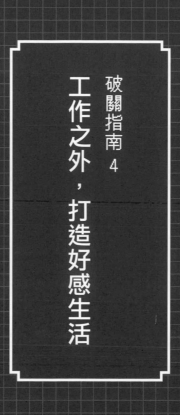

關於跑步，我想說的是……

打從國中開始，我就是一個熱愛運動的人。而我運動的項目幾乎都以籃球為主。中學時期，我極度內向害羞，當我發現，馳騁球場可以揮霍過多的精力，用汗水顯示自己的男人味；可以在場上當一名控衛，看似指揮若定地運用戰術，實則肆無忌憚亂吼亂叫發洩情緒；可以使出爐火純青的胯下運球，再冷不防用速度過人的假動作切入籃下上籃得分，我便愛上籃球。

在那以麥可喬登對抗魔術強生與大鳥博德的NBA年代，我的中學生涯不是課本，就是籃球；不是教室，就是球場。隨著球技日漸成熟，我在高中、大學時期，還曾很確幸的當選過籃球校隊，雖然幾乎都是板凳球員，卻也甘之如飴。

出社會工作後，打拚的區域不再是球場，而是職場；重心不是得分與籃板，而是職務與老闆；在乎的不是流過多少汗水，而是能夠拿到多少薪水。打籃球對我而言，已是緬懷青春歲月的記憶之歌，偶爾唱唱可以，要我一直哼，真的沒有那個閒工夫了。可以想見，我的體力與體格已經隨著年紀增長而下降、走樣了。

將近五年前，隔壁鄰居的小孩約我打籃球。因為鄰居告訴他兒子，說我在學生時期，打球有多神，這位大學生便想找我出來尬一下，瞧瞧他老爸口中的我，到底有多麼厲害！

球技生鏽、體力不繼、投籃不準，中年大叔的籃球秀終究是一場笑話。經過那一次被血洗球場的歷程後，我發現，打籃球這般激烈的肢體碰撞早該離我遠去，取而代之的應該是跑跑步、走走路這類的運動。在還能用跑的，就不要只是走的想法下，我心中升起想要開始慢跑的念頭。

念頭歸念頭，沒有行動只是空談。接下來的日子裡，我還是工作與睡覺替換，跑步運動這回事，還是只是念頭。

過了幾個月後，發生了一件事，開啟我跑步的濫觴。至此，沒有停歇。

「天啊！頭痛欲裂，越睡越痛。怎麼難得休一週的連假，第一天就不舒服呢？」從中午沉睡到傍晚將近三小時，我從床上起身卻渾身不舒服。

「那就去跑步吧！流流汗或許會好些。」我內心暗自下了決定。

記得那是晚秋時節，天邊有彩霞，涼風徐徐。我拿出鞋櫃上被我束之高閣的慢跑鞋，綁好鞋帶，稍做暖身，就從住家衝了出去。

這是我的新體驗。跑步起點是自家門口，終點也是自家大門。以往，為了出門運動，有時到了冬天，就只能在寒風冷冽的溫度下，騎著機車，穿著厚重外套，往學校的操場移動。現在，只要在住家門口暖暖身，就能輕裝而出，享受路跑的樂趣。節省許多舟車時間。

出發後，我行經住家附近一個鐵路平交道，橫跨已沒落的老舊工業區，經過我的國中母校，穿越省道台一線，跑過阿姨家向她說聲嗨，撞見幾隻狗，就趕快大步地呼嘯而過（怕狗追我），跑到田埂中，看著數十隻白鷺鷥在田野覓食，轉進整排木棉的林蔭大道做森林浴，最終，又從田野折回村落抵達我家門口。這段里程約莫七公里。

這一趟小跑步，算是我的故鄉巡禮。

我赫然發現，能夠雙腳踩在自己故鄉的土地上慢慢跑，真是一種幸福。我生於斯四十載，驚覺還有許多故鄉學分沒有修完。心想，愛故鄉真的不難，只要自己願意，用雙腳好好走過故鄉每一寸土地；用雙眼好好看故鄉的繁華變遷；更用心好好感受故鄉對自己成長的照顧，就是愛故鄉的一種表現。而讓我找到可以這麼簡單愛故鄉的理由，竟是跑步！

之後的幾年，我要求自己養成一個習慣，就是每星期盡量可以慢跑二到三次，每次至少三十分鐘以上。甚至，也把當時還讀小六的兒子帶出來跑。兒子因為有老爸陪跑，也漸漸地愛上了跑步。在他上國中之後，還加入田徑隊，代表學校參加全市的田徑比賽並得到獎牌，這算是始料未及的另類收穫。

之所以會愛上跑步，除了流汗排毒，讓自己更健康外，其實還是有幾個原因的。

第一，跑步可以鍛練耐力，耐力需要意志力支撐，我相信意志力越強的人，工作的成就感會越高。第二，跑步可以讓自己思考，思考會讓覺察力敏銳，覺察力越高的人，創意思考的能力也會增強，對於複雜事情的判斷非常有幫助。所以，我相信跑步是一種哲學，教會我人生的意義。

關於跑步，我想要說的是，跑步是一場與自己的對話。不需要觀眾；不需要掌聲，只需要問自己，過得快不快樂而已。

關於跑步，我想要說的是，跑步是一場小旅行。不用看時間，也不用管場地，就是想要跑就去跑，極度隨興與自在。

這是我近幾年的跑步新體驗，你呢？也來跑跑步吧！

這世界就欠你一咖

當我閱讀著《跟TED學說故事，感動全世界》這本書其中一個章節，作者寫道：「說故事的本質是一種表演，光是故事本身很精采還不夠，想要在鏡頭前自在表現……可以學兩招，一招是『熱情』，另一招是『微笑』。」當下，我腦海裡浮現的人是胡杰。

胡杰，台灣街頭路跑創辦人，一位肢體動作與臉部表情都極為豐富的年輕人。在一次好友謝文憲（憲哥）舉辦的「夢想實憲家」演講中，第一次認識胡杰，也對眼前這位年輕人所表現出來的舞台魅力感到驚艷。那時，我才知道台灣有「街頭路跑」這個活動。

當晚，因為我們同台接續演出，除了短暫寒暄與拍照外，幾乎沒有太多的互動。有的只是加臉書成為好友。但，就是這個加臉書的小動作，讓我們得以在未來的日子一窺彼此，延續美好的緣分。

經過半年的臉書交往，趁一次北上開會之便，我邀胡杰喝杯咖啡，除了想要更加認識他之外，也對於他創辦街頭路跑這個社團的緣起，感到好奇與有趣。

見面開頭，為了讓胡杰更了解我，我稍稍做了簡潔的自我介紹。這個短短幾分鐘的破冰非常重要，講得好，讓對方很安心，之後的話題就能無所不談；講不好，讓對方起戒心，爾後的交流會有所保留。我相信，因為我開場得宜，讓這場對話暢所欲言也意猶未盡。

胡杰出社會的第一份工作是在《天下雜誌》當企畫。這份工作得來不易。胡杰說，當年他因為看見《天下雜誌》幫前行政院長孫運璿製作一段影片，內容說：「不要問國家能為你做什麼？要問你能為國家做什麼？有參與才有未來，用行動打破無力感。」他就興起想要到天下任職的念頭，可是他卻完全沒有工作經驗。

胡杰果然是用行動打破無力感的最佳代表。雖然應徵的工作需要有五年實務經驗，他打破這個魔咒，不僅毛遂自薦，還經由一連串考驗面試，及最後告訴面試官若做不好可以不領薪水的決心，終於取得這張入場券，開啟他的職場生涯。

之後，從天下轉戰至雅虎，胡杰也是秉持著一份自動請纓的精神，請在雅虎任職的朋友將他的履歷放在主管辦公桌上，讓主管一眼看到後，聯繫他進一步面試，最後拿到錄取的門票。聽胡杰描述他的求職經驗，我看到一種**永不放棄的精神**，這是上班族很難做到，卻是需要學習的。

在外商高壓工作環境，胡杰的體重因為壓力而直線上升，幾乎快要飆破九十公斤。那時，他在臉書 PO 出一張自己的照片，背景是美麗的涵碧樓，最後竟然都沒有朋友按讚……後來他進行 AB Test，把自己的畫面剪下，只留涵碧樓的空景，這時按讚數居然立即飆升！此時胡杰發現，在這個以美學取勝的年代，自己八十九公斤的身材，已經讓他感受世界不公平的對待。

肥胖的體態讓胡杰的同事再也看不下去，遂帶他到大安森林公園與中正紀念堂跑步。但因為他實在過胖，跑得又慢又喘，再加上同事也不想和他一起慢吞吞地跑。經過兩次挫折，胡杰悻悻然地離開慢跑行列。

但貼心的胡杰每到下班時刻，就會到西門町附近等太太下班，再一起回家。有一回，因為等待時間太久，胡杰兀自在西門町附近跑步。他跑得很慢，卻因為能夠超越路上行人而得到些許快樂。再加上，胡杰原本以為對西門町很熟，經過那一次巷弄亂跑，發現還有許多地方從來沒有好好欣賞過，這都是讓他在等待太太下班時，意外發現的樂趣。

因為長期埋首工作，胡杰總覺得心中有一個「我」彷彿不見了。而他發現，跑步卻能帶給自己極大的快樂，他告訴太太，給他一年時間好好思索未來，他想要藉由跑步尋找生命的出口。若找到了，人生的旅途將充滿樂趣；若沒找到，頂多再重回職場做業務，因為業務是他的本，餓不死的。

就這樣，胡杰開啟他的新人生。除了自己跑，也開始找朋友跑。因為他設計的跑法很有趣，就是每天跑不一樣的路線，也讓每一位參與者下班後就能從自家公司樓下開始跑。這種在街頭跑步的型態蔚為風潮，胡杰因此將它定名為「街頭路跑」。

如同街頭路跑官網的社團理念所述：「街頭路跑是一場微旅行，旅行最重要的是探險和認識新朋友，重點是慢慢跑，張大眼睛探索這座城市。」

另一段文字寫著：「街頭路跑並不是一般正常慢跑，我們強調『當下』，不強調『到達』；不在乎多快，而在乎每個人是否有被『照顧』到。那個照顧是『過程中你快不快樂？身旁的人有沒有幫助你？』跑到這個定點的時候，能不能再做些什麼？讓大家紛亂如麻的心能被心靈拂照。」

職場工作者若有一份薪水佳、頭銜美的工作，通常不會輕易離職。但胡杰卻能從跑步找到快樂，離開職場的羈絆，進而尋找自己的人生出口，這是一般上班族所欠缺的勇氣。

生命之所以充滿熱情，是因為找到自己獨樹一格的天賦；生活之所以快樂，是因為願意用微笑對這個世界打招呼。這兩點胡杰都做到了。

胡杰說：「不管你在什麼地方，在什麼時候，我都帶你去跑你家附近最有趣的地方。」這樣充滿熱情有勁、微笑大方的胡杰，你怎會不愛上他呢！快，跟著他的腳步一起跑，這世界就欠你一咖！

歸零，讓人生更美好

住民宿不難，找到好的民宿較難；與民宿主人聊天不難，聽到民宿主人分享生命歷程較難；得到舞台上的掌聲不難；放下職場中的名利較難。一個初夏的夜晚，我與民宿主人黃建榮一見如故，相談甚歡。我不僅聽到好故事，也確信這個故事足以激勵我的人生。

一日要到台東演講，趕不及訂民宿就已先出門上路，心中想著，今天不是假日，房間應該好訂。車開在南迴公路的當下，腦海突然想起，前幾天在臉書上看見好友酈潔也到台東旅行的照片，思忖著何不問問她是住哪一家民宿呢？

這通電話一打出去，就注定我與建榮兄的善緣好運。晚上，我便落腳在豆點民宿。這間民宿叫「豆點」的由來，主要有兩種含意。其一，民宿夫婦喜歡收集種子，種子又稱豆子故取「豆」；其二，溫馨的房間要讓旅人好好休息，「點」指的就是駐點停歇的概念。

不曉得哪來的熱絡感，打從走入民宿屋內那一刻，就與建榮兄天南地北閒聊開來。可能是鄺潔與民宿夫婦熟稔的緣故；也可能是個性相投，彼此都愛交朋友的關係。當然，還有一種可能，就是建榮兄長期旅居台南，在南科工作數十年才搬回故鄉定居，而我也是從台南來的，一見面便產生了濃郁的親切感。

我問建榮兄：「為何會想要開民宿呢？」想不到這一問，竟然開啟了將近兩小時的聊天互動。彷彿是一場無預警的訪談會，充滿了生命的智慧與感動。

「我是大腸癌三期的患者，但經過治療後，至今已經五年餘，目前一切安好。我很感謝老天給我這個意外的禮物，審視人生，也重新開始。」建榮兄的破題著實讓我嚇一跳。

我接著好奇追問：「是怎樣的狀況與想法，讓您有這種轉變與結果呢？」

故事是這樣的……

建榮兄是一位高科技業專業經理人，在六年前健檢中，發現自己得了大腸癌。

幸好經由緊急開刀與化療，再加上一年的留職停薪後，慢慢地重拾健康。醫生說他真的很幸運，如果再晚發現，延遲開刀，後果不堪設想。

經過一整年休養生息，建榮兄還是重返職場。但，不變的是生病前的壓力與不安，依舊困擾著他，讓他感覺十分不舒服。「檢視自己為何會生病，其實就是個性與心情使然。」他說，因為自己是一位吹毛求疵的人，有著追求完美的個性，看到工作中少部分沒有突破的地方，總是感到不悅。這種長時間的積累，才是造成他生病的主因。當他經過化療又重回工作崗位時，他發現這種心態與現象並沒有消失，讓他萌生提早退休的念頭。

說來容易，但執行起來卻非常困難。建榮兄實在放不下長年累積的資歷與名聲。他不斷透過身心靈課程尋找工作與健康的平衡點。除了加入荒野保護協會成為講師，也參加社區大學的心靈與手作課程，試著讓自己更容易找到快樂。

他說，人體內有一種名叫T細胞的免疫系統大將軍。只要T細胞夠強大，就能管住身體潛伏的壞孩子，不至於讓它們作怪。而維持T細胞精實與活躍的好方法就是讓自己每天都很快樂。比如擁有規律的生活品質、發自內心的安寧與平靜，還有讓自己笑口常開等等。簡言之，就是隨時隨地保持好心情，讓T細胞永保青春活力。

然而真正讓他完全放下、真正退休，歸隱山林的轉折點，是一次手作課程所帶來的衝擊與感受。

那一次，建榮兄參加手作麵包窯的戶外教學。老師請每一位學員分享自己的心得，並且比個手勢表達自己的想法。他回憶當下，老師笑大家在烈日中堅持手作，流了滿身大汗，讓手沾滿土灰，全身上下都髒兮兮的，這不是花錢買罪受嗎？等到建榮兄發表感想時，他說出了自己參加這個活動的想法，而比出的手勢竟是不自覺地畫出一個大圓圈。就是這個「重新歸零」的念頭，讓他真正放下對頭銜的執著與利益的追求。

這個「歸零」的起心動念，改變了他的人生，也救贖了他的未來。

因為老家在台東市，基於照顧雙親又能讓自己有生活重心的緣故，建榮兄買了一間離父母親住家很近的房子，除了可以就近探視、盡孝道外，也讓自己能與住宿的房客聊聊天，分享生活點滴，這才是他開民宿的主因。

多數民宿業者幾乎都在設備與裝潢動巧思，建榮兄反而有不同做法。除了維持屋內的乾淨與雅緻外，他多年習得烘焙麵包的好手藝，更是吸引旅人入住的關鍵。他說：「每天傍晚做麵包數小時是我最快樂的時光。」看到隔天早晨餐桌上，房客吃著他手做麵包的幸福表情，就是最大的成就與喜悅。

建榮兄不追求每天房客數全滿，他追求的是心靈的平靜與盈滿。他不喜歡從營利的角度去經營民宿，而願意從利他的作為去看待自己的退休生活。這是一個懂得讓生命歸零，讓人生愈趨美好的故事。

一趟小旅程，一段大插曲，一個懂得愛自己的生命啟示。

關於生命啟示，我有幾點見解：

❶ T細胞要強，心情一定要快樂，心情要快樂，生活一定要平衡。降低欲望，簡

單生活是關鍵。

2 別用身體去換錢，要愛惜自己的健康。生命無價，其他的名利與物質都如過往雲煙會成為過去式。

3 在人群中，找到可以付出的地方，不管當義工或為社會服務，都是讓自己生命發光發熱的角色，好好享受這其中帶來的樂趣。因為助人為快樂之本。

你願意做公益嗎？

「用工作點亮公益，助人有益；讓公益成就工作，人生開闊。」是我完成此次公益活動的註解。

這個活動很簡單，就是一個募款工程。事情起源是這樣的：

我的好友子歆，是台南大學經營管理系的系主任。因為他系上一位外藉蒙古學生在和同學聚會時，不慎從十六樓樓頂跌落至隔壁棟十五樓樓頂，造成頭部顱內出血。在加護病房住了幾個星期後，終於稍微清醒，但仍不能言語，醫生表示未來還需要更多的治療與復健時間。

因為這名學生非本國籍，在許多醫療措施上無法比照台灣健保補助。因此，接踵而來的是沉重的醫療費用。除了請專業看護一天要兩千元外，醫生建議還要進行「高壓氧」治療，每天就要價一千五百元，而這些治療不是短時間內就能結束，只能依其復原情況再決定是否暫停或繼續。

學生父親在事發後，放下蒙古的工作，直奔台灣探視兒子。由於家裡的經濟狀況並不寬裕，面對如此沉重的醫療費用，甚至賣掉車子來補貼費用都不足以負擔。家人為了照顧他，幾乎心力交瘁，無能為力。所以，子歆系上的系學會正展開募款工作，預計募款十萬元，幫助減輕醫療費用的支出。

子歆傳這則訊息給我，問我是否願意幫忙募款三萬元？當我得知這個緣由後，馬上回他：「我非常願意！」心中想著，只要找到九位朋友，含我共十人，每人出三千元，就能達成募款目標。

那一晚，我很快地將這則訊息用手機的 LINE 傳給將近三十位朋友。

我是一位懂得精準行銷的業務高手。我清楚明白，傳這樣的訊息給朋友，對象應該要具備兩種特質。第一，他已有不錯的經濟基礎，三千元對他而言還好；第二，我知道這位朋友喜歡做公益，也喜歡幫助別人。

到了隔天中午，回覆簡訊的人共有二十位，大大超乎我的預期。也就是說，這則簡訊的發送，已經成功募得六萬元。二十位當中，有一位新朋友加入，算是特別的小插曲，值得一提。

她是國泰金控的投資長程淑芬小姐。我和程小姐認識的緣分很有趣，是一位朋友介紹的。當時，這位朋友買我的書，請我簽「淑芬」時，我笑笑地隨口說出：「這是菜市場名字！」想不到，朋友的一句話讓我肅然起敬。他說，這位淑芬的全名是「程淑芬」。我當下驚訝地問：「是以前美林證券台灣區總經理的程淑芬嗎？」朋友點點頭。我又驚又喜地請朋友快介紹我們認識，「我好崇拜她，她是金融圈鼎鼎有名的外資天后耶！」

等了兩個月，我如期與淑芬在台北見面了。那是一場美麗的聚會，我們談工作，也聊公益，度過一段愉快的晚餐時光。

當我將這則訊息也傳給剛認識不久的淑芬，想不到她竟然打電話給我：「家德，募十萬元真的夠嗎？這樣的醫藥費可能不足，需不需要我多匯些。」我回她說，這件事，已經有許多善心人士都願意幫忙了，我們還是每人三千就夠了。很快的，我就收到淑芬這筆匯款。

經過 LINE 的募款成功，再想到淑芬的建議，我心想何不讓更多人能夠共襄盛舉，也是一件好事。因為復健畢竟是一條漫漫長路，若是募款更充裕，受傷學生才能更安心地接受治療。所以，我又在臉書上分享這次的募款活動，一樣是每人三千元。我的標題是「廣結善緣，讓愛蔓延」。

很幸運的，我又募到六萬元。這次的募款活動，透過 LINE 與臉書兩個平台，總共募得十二萬三千元。我分兩次匯款，全數匯入學校的指定戶頭。

完成這件公益活動後，我寫下了小小心得：

有能力的人，幫助別人用付出；

較無能力者，幫助別人用祝福；

讓這個社會，處處幸福不孤獨；

捐款做愛心，社會一定更溫馨。

因為工作，得以認識許多人，一同來付出做公益；也因為公益，得以運用人脈去做利他的事。我很感謝這四十位朋友的義行，大家共同完成了一件公益小事。

喔對了，這位同學因為年輕，復原狀況越來越好，目前已經回到蒙古老家休息，也等待下學年再回台灣求學，完成未竟學業！

給職場新鮮人的七件禮物

臉書私訊傳來這則訊息：「學長，若您回到二十歲初頭，剛出社會之際，會開始做哪些事情，成為更好的自己呢？」傳這則訊息給我的是天祐，一位小我二十來歲正在當兵的元智大學學弟。

這是一個好題目，我思忖許久，才寫出我的看法。

天祐是一位喜歡思考與閱讀的準社會新鮮人。近半年來，當他知道有一位作家身分的學長，他幾乎每個星期都會問我問題，甚至當兵休假，也願意抽出一天空檔到台南來找我請益職場大小事。他的求知欲令我感動，他的學習力也讓我願意與他分享自己的職場心得。

天祐畢業於元智大學管理學院英文專班，高中以前不習慣台灣的升學主義跟考試制度，因此過得較刻苦，卻也漸漸發現學習是要為自己的人生負責。大學時期熱愛閱讀、圍棋與旅行，曾到美國 Stanford 大學參加短期 program。大四時，到北京當交換學生，拓展視野也交了一些外國朋友。現在的他正在當兵，喜歡透過閱讀與寫作來累積專業能力。他也希望能分享好書、傳遞資訊給朋友。他說，未來期待能從事一份有熱情、有正面影響力的工作！

這是多麼棒、多麼有想法的一位年輕人啊！

回到前面所提的問題，若有機會回到二十歲的我，我會如何成為更好的自己呢？我提出了七個觀點，送給天祐。

❶ **更孝順父母親**：我覺得這是最重要的。因為爸媽在我出社會工作的三年內相繼過世，讓我遺憾不已，這也是我生命中不可承受之重。所以，若知道父母親在不久的將來會離開自己身邊，我一定更加珍惜每一次相處的美好時光。

❷ **多學一樣才藝**：從前的自己，憑藉著還年輕，以為時光可以揮霍，認為青春可以虛耗，也就將學習的本事給怠惰了。殊不知，越是年輕對於學習越能上手；

身上有項才藝更顯珍貴。但年過四十，工作與家庭煩身，學習力道下降，才藝顯得普通，才知自己已錯失黃金學習期。

❸ **積極探索世界**：英文不好不能出國嗎？錯！個性內向不能出國嗎？錯！至今我必須承認，我到過的國家數目，用十隻手指頭都數得出來。若時光倒流，我願意多花一些時間探索世界，到處走走，豐富自己的世界觀。

❹ **讓自己更外向**：出社會之前我是內向的。或許現在非常外向，但我總認為若能早一點讓自己像現在這樣，絕對會更好。因為我相信，外向可以成就更多美好的事物，包括在眾人面前侃侃而談，清楚表達自己的看法；讓自己變得更有自信，做許多事情也就不會拖泥帶水並認識更多新朋友，為人際關係帶來加分效果。

❺ **珍惜與人善緣**：年輕的我，自負猖狂，或許憑著正義之劍，斬妖除魔，自認做對的事，卻也有可能傷及無辜，結下樑子而不自知。事後想想，那都是太不夠珍惜與人為善的結果所造成的。若有機會彌補，我希望可以更用心對待和每一個人的善緣，期望帶來美好的人際關係。

6 願意多助他人：「助人為快樂之本」、「施比受更有福」這都是中國老祖宗的智慧。現在的我，喜歡幫助別人；以前的我，羞於幫助別人。有幸回到年輕時代，我願意傾全力去幫助身邊的任何一個人，我篤信付出才會傑出的道理，儘管幫助別人就對了。縱使好心被雷親（台語），都要記住，「吃虧就是占便宜」！

7 持續熱愛運動：運動使人年輕，但絕對不要等到老了再運動，也不要等到身體出狀況再運動。運動應該是一種習慣，也是一種生活型態。年輕的我，喜歡運動、跑步、打籃球是司空見慣的事。但自從出了社會，因為忙於工作，因為種種理由而忽略運動，總覺得年輕就是本錢，熬夜無妨，壓力無關，到了四十歲之後，發現體力漸走下坡，才驚覺不得不保養自己的身體，雖然亡羊補牢猶未晚，但我建議年輕人，若能持續熱愛運動，才能得到幸福！

一個好問題，讓我回顧自己的人生，也重新發現自己的缺憾。這七個禮物我希望送給年輕的自己，也期待現在正處於黃金歲月的年輕人用心看待，人生理當較無遺憾。

我的第一場演講

「回台東的路上，我反覆聽著今天ＭＢＡ教育訓練講座的錄音。講師吳家德用熱情驅動世界，細觀台風穩健的他來自講話時的自信，舉一反三以及架構許多生動有趣的故事，豐富了一場演講該有的精采。」

這段文字是正聲廣播電台一位主管在臉書聽完我演講的分享。當他加我為臉友時，我才讀到這段小插曲。

是啊，自信加上故事就能成就一場好演講。真的有那麼簡單嗎？那到底如何讓演講精采絕倫呢？我想要先從我的第一場演講談起……

那是二〇〇三年夏天，我開始擔任業務主管的時候，也是我進台北富邦銀行第二年，前同事林宜弘先生所邀約。

宜弘是台中區的業務主管，我則是嘉南區的業務主管，彼此算是公司內部的敵對狀態，但我們卻有著一股惺惺相惜的心胸與氣度，有時我若得到競賽冠軍，他恭喜我；若他業績得第一，我祝賀他。

有一次在結算上半年業績時，我暫居第一，他排第二。想不到他竟然來電，問我可否到台中幫他的同仁演講，聊一聊業務法則與銷售技巧。那時，我很想要拒絕，其一是我根本沒有演講經驗，怕自己出糗；其二，我們是處在競爭的態勢，哪有幫對手加油打氣的道理。但，不知哪來的勇氣與格局，最終我還是答應宜弘的邀約，讓人生第一場演講正式起飛。

猶記當時準備演講內容，我真是煞費苦心，思考主題大綱、做投影片，修潤架構，然後做結論。心想，只要照著投影片的流程走，大概就能成就一場不算太差的演講。

或許這只是人數十來位的小演講，或許台下聽眾素質和我差不多，又或許因為沒有收費的分享。我算是完成了一場有掌聲沒噓聲；有迴響沒絕響的普通演講。之所以說普通，是因為我相信若是重來一遍，自己可以修正講得不好之處，就有機會可以讓整場演說更好、更順暢。

經過人生第一次演講後，我發現，演講真是一件迷人的事。它是一種分享的喜悅也是美麗人生的回饋，更是能與聽眾雙向交流的機會。至此，我一試成主顧，上癮至今。曾經看過一篇報導，有人說，人生最恐懼的不是死亡而是上台，也就是要上台演講或分享，簡直比要他的命還可怕。這件事之於我，已經完全不是這麼一回事，我相信是個性與價值觀使然。

「**能外向就不要內向；能分享就不要獨享；能開心就不要傷心。**」我曾經寫下這段文字自勉。這是我在一場演講中，回答聽眾問題之所感。聽眾問我，如何保有熱情的態度與積極的人生觀？我說，對我而言，基本上有五個因素，讓我能用熱情驅動世界，這是我十多年來的生活體悟與總結。分別是，生活態度正向；喜歡認識朋友；具備行動能力；樂於奉獻付出；書寫動人故事。

而這五大因素，也是成就一場好演講的元素。因為正向帶來自信，人脈成就利他；行動創造視野，付出才會傑出，故事當然就能生動感人。

很多人會有相同的問題，該如何克服上台的恐懼，又該如何在台上侃侃而談不害怕呢？我的見解有三點。

❶ **真心誠意**：因為真心，你會生出勇氣，勇氣讓自己勇敢不恐懼。不是有一句話是這麼說的，當你真心的想要完成某一件事情，全宇宙都會幫你。

❷ **不斷練習**：熟能生巧，凡事都需要千錘百鍊才能成就完美。沒有人是天才，唯有不斷地練習與修正，才能有機會讓自己更好。

❸ **熱愛生活**：故事都是從生活中產生的。若有心能挖掘動人故事，當然會有一種分享的渴望，所以，熱愛生活是創造故事的關鍵。

演講最吸引我的，除了必須要好好思考題目的準確度，帶給聽眾收穫之外，更能因為這個題目，認真去思考自己的生活如何與題綱契合，這是一種生命的回顧與提醒，會讓自己找出演講的題材與故事，是一兼二顧的好交易。

我的演講已逾百場，你，何時開始第一場呢？

給政達的一封告別信

嗨，兄弟，好走。

一如往昔，我總是喜歡在早晨將手機開機，瀏覽臉書與LINE的資訊。七點二十八分的這則簡訊「政達於今日清晨往生」，著實讓我小小呆住。雖然我知道這天一定會來，但不應該這麼快，也不會是今天吧。

我呆坐半晌，過了片刻，才發出「收到，往生佛國，放下塵緣，一切美好。」回應你太太小萍的告知。

十年前，我們成為同事而相識。但說實話，你在嘉義，我在台南，若沒有真誠良好的互動，當同事的緣分消失了，這個朋友關係也可能就戛然中止。很慶幸，我們一路從同事變成好同事，再因彼此都離開前東家，又從朋友變成好朋友。這些年來，我們雖不常見面，但心中始終有一個位置為對方保留著。

「患難見真情」是我想要謝謝你的第一個告別禮。

開車開了五六十公里的路，不算長。但為了吃一頓午餐開了五六十公里的路，應該算長。我想用「路長情更長」來形容這一頓飯局的意涵，應該是再恰當不過了。

五年多前，當我離開老東家，人生正經歷一段小低潮，你突然來電問我有沒有空，想要到台南與我吃吃飯。我說好啊，當然樂意。我確信，那一頓飯，你是專程從嘉義南下，除了想要了解我為何暫別職場外，也藉機告訴我，朋友就是要雪中送炭，不應只會錦上添花。你堅毅地對我說：「兄弟，你這個朋友我交定了。」你知道嗎？這句話，我永遠都不會忘記。因為這是做人最基本的禮數。

「樂意幫助人」是我想要感恩你的第二個告別禮。

認識的前五年，我們是同事。因為要到你的分行舉辦理專教育訓練，必須要麻煩你張羅一些物品，舉凡設備、講義、茶水等等都需要讓你多費心。你總是表現出樂意幫忙的態度，也告訴我，這些都只是舉手之勞罷了。

認識的後五年，我們是朋友。記得有一回，我已經到了嘉義上班，彼此離得近，因為我公司要舉辦客戶說明會，而講師的電腦剛好壞掉，無計可施之下，我想到你，緊急商請你借我一台筆電，你又是義不容辭馬上送過來。我不好意思地說麻煩你了，你反而告訴我：「三八啊！這是兄弟該做的，有什麼好謝。」說出這兩件小往事，只是想要讓你知道，我有多麼地感恩你。

「允文又允武」是我想要告訴你的第三個告別禮。

某年，公司舉辦桌球比賽，我才得知你是桌球高手。那一次，看見你在場上霸氣的表現，過人的體力，專注的神情，精湛的球技，俐落的手腳，充分展露運動家的風範。當我在場邊觀賞你比賽時，你恰巧看見我的駐足，我們兩眼相會，我對你比出握拳加油的姿勢，你也回我勝利的手勢，這般惺惺相惜的畫面，我記憶猶新。若沒記錯，那一年的比賽，你得到冠軍，很替你感到驕傲。

你寫鋼筆字寫得非常漂亮，這是大家都知道的。你時常在臉書上，拍出你美美的字讓朋友欣賞。有一回，你寫了「**若你覺得束手無策的時候，那就是放手一搏的好機會**。」你告訴我，借我書上的文字與臉友們分享。那時，我知道你已經身體微恙，但很高興我的格言能夠發揮作用，療癒你病苦的心靈。

話說世間能夠打好球、寫好字的人有多少啊？你允文允武的人生，真讓我羨慕。

當發病初期，你就特別跑來告訴我這件事。或許你知道我可以安慰你，讓你好過些；或許你只想要找人聊聊天，紓發心中的憂鬱。不管，總之你真的把我當一回事，讓我參與其中。這一年多來，我們時常見面通電話，互相勉勵說真話。有幾次，你甚至傳你在病房住院的照片給我，告訴我你正勇敢面對病魔的挑戰。對於你能如此樂觀看待生命的玩笑，我感到非常不捨與敬佩。當下，我只能在心中默默祝禱你的安康。

有一件事情，我還是要表達我的感恩與抱歉。

我的新書付梓之際，你就告訴我，記得幫你留十本，你特別表示想要拿到第一手我的書。那時，因為訂單太多，漏了你這一筆。你不僅沒有責怪我，還回過來安慰我：「沒關係，挺你就是了。你最好再大咖一點，讓我因為是你的好友而自豪。」政達，你知道當你說出這句話時，對我有多大的鼓舞嗎？我相信，你一直都是我的後盾，永遠。

沒能在你告別式那天親自送上一程，只能在前一天到你住家靈前上一炷香。看著你的照片，雖辛酸但心坦；雖不捨但情深。或許此生緣已盡，但求來世再相逢。

政達，想要對你說：「謝幕的只是舞台上的劇終。關於我們的人生，依然繼續上演著。」

生活是一場熱情的遊戲

受邀到台南大學博雅教育講座演講「生活是一場熱情的遊戲」。這是學校高規格的活動，演講前連校長、副校長都先行與我會面。在這兩小時演講裡，我熱情演說，贏得滿堂彩。

演講結束，開放三個Q＆A。主辦單位很用心，只要有問問題的同學，都可以獲得一本我的簽名書，只見台下同學爭先恐後地舉手。當問到最後一個問題，依然還有許多手在我面前揮舞著，我請坐在第三排，但前二排都沒有坐人的一位男同學發問。說實話，當時這位同學的問題是什麼我已忘記，但從口音可以知道，他應該是來自對岸的學生。

會後，這位來自大陸的學生走來找我寒暄，並問可否加我臉書，我說沒問題啊。很快的，我們的緣分就因為加了臉書而更進一步。這時我才知道，他的名字叫劉一嗚。心想他的父母親大概期待他能「一鳴驚人」吧！

大約三週後，我從臉書私訊收到一則長長的文字，是一鳴寫給我的。內容如下：

家德先生您好，我是劉一鳴。

一個普通的來自大陸的台南大學交換生。前幾週在南大聽過您的講座，還有幸拿到了您的書。說實話，直到講座開始之前我都不知道您是哪一號人物，我還在猶豫到底要不要去聽這場講座。最後我選擇坐進教室裡，事實證明我的選擇是正確的。

聽完您的講座後收穫頗豐，也讓我思考了很多事情，熱情驅動世界也一直在我耳邊圍繞。毫不誇張地說因為一場講座讓我認識了您，也讓我有了對自己人生的思考。最後拿到您的簽名書後更是激動不已。

儘管整本書是繁體字，加上豎直的排版，對於我這個大陸學生來說看起來並不算輕鬆，當時不知哪來的一股勁，很快的看完了。說實在，當整本書看完後，我都佩服自己的毅力。書中我看到了您的自信，樂觀，與人交善。我想在這幾點上，我與您是有共通之處的。但是提到執行力，我確實很佩服您，在看您的故事時，我時常也在設身處地的思考，如果換作是我，我又會怎樣做？

說到這裡您可能會好奇我為什麼要發這封訊息給您，一方面是因為講座之後，「熱情驅動世界」已成為我的座右銘，而我也希望在即將離開台灣前，真心的感謝一下把這句話傳遞給我的家德先生。另一方面是因為早上起床後突然想到了您書中提到的「執行力」這個詞彙，儘管看完您的書後多次想給您訊息以表謝意，但每次想過之後並沒有去做。

我想我也該好好學習學習您的執行力了。您的書傳遞出滿滿正能量，對於一年後也要步入職場的我來說，更是如獲珍寶。我想在我回到大陸後，一定會將書分享給我的好友們，讓他們也好好感受一下台灣人的熱情，還有堅信熱情驅動世界的吳家德先生。

當我看完這則訊息後，在線上請一鳴給我他的手機號碼，隨即打電話給他，除了謝謝他的分享，也約定見面時間。幾天後，我下班，他下課，我到他的宿舍附近與他碰頭。這一次的會面，讓我更了解他。

一鳴來自武漢，是台南大學大三的交換學生，就讀幼教系，他很珍惜這學期來台灣讀書的機會。他告訴我，關於他來台灣求學的幾個觀察。

❶ **台灣人真的比較熱情，人情味較濃**：他說，從春假期間他的十天鐵道環島旅行，就可以感受到台灣人善良親切的一面。

❷ **台灣人較具創意思考與手作的能力**：在教學領域，鼓勵學生多元思考，大膽嘗試，縱使犯錯也沒有關係。大陸的學生較為刻板，幾乎都是照著老師的方式學習。

❸ **台灣學生較不敢發言發問**：他說，這大概是他來台灣念書比一般學生吃香的地

方。經由我的追問，我才知道一鳴以前在學校是風雲人物，曾經當上系學會的主席，也是學校大型活動的主持人。

生長在農村家庭的一鳴，從小非常刻苦。他說，小學時候他就學會煮飯洗衣。因為父親長期在外地工作，幾乎是母親撫養他長大。母親每天清晨四點多就到田裡務農，他必須要五點自己起床，走將近來回一個多小時的路送早餐給母親吃，然後再去上學。從高中到大學時期，他的假期幾乎都在打工賺錢。因為他的認真與勤快，很多店家老闆幾乎都喜歡他，也讓他當上小主管，享有更高的薪資待遇。

我們聊得非常開心，但礙於夜已深，我告訴一鳴，若時間允許，我希望能在他離台前請他吃一頓飯。一鳴非常開心地直說好。

最後這一次的見面，我有備而來。知道一鳴愛吃辣，特地請他到印度餐廳吃咖哩大餐，滿足他的味蕾。飽食一頓後，介紹他喝台南道地的木瓜牛奶與吃水果切盤。又帶他到我的好友曾大哥開的永盛帆布行，請他挑選一個書包帶回大陸做紀念。這一個即將離開台灣的晚上，我相信他應該是記憶深刻。

人的緣分真的很神奇，在那場講座中，我與百餘位南大學生共聚一堂，卻只與一鳴擦出火花，這實在是奇妙的際遇。一場演講，影響了一個對岸年輕人的價值觀是我始料未及的。更因為後續多了兩次相處，而更加珍惜這份情誼。

一鳴上飛機前，傳給我一則簡訊，他說：「這段時間在台南認識了很多人，但是我想，遇見你，是我在台南最大的幸運，期待你來武漢。」

這段話，或許是我熱情驅動世界的最佳寫照吧！

你該學會的七種習慣

近年來，因為走入校園與企業累積百場演講的緣故，常常有許多大學生與年輕人會問我關於職場與人生的問題：「老師，我們要做什麼事情，才能讓自己在工作與人際關係上更好？」、「經理，您人生的轉變，是因為哪些事情的改變，而讓您在工作上如魚得水？」、「老師，可以告訴我嗎，我必須要培養何種習慣，讓人生未來的日子變得更平衡有趣？」

因為這些問題，占了將近整體一半以上的疑惑，遂我將自身經驗，再參酌周遭好友的建議與回饋，寫成以下建議。希望藉此回答，定調成「年輕人你該學會的七種習慣」。或許這七點不能涵蓋全部的問題，但我相信，能做到這七點的朋友，人生是豐盈的，生命是充實的。

❶ 早起：

「早起的鳥兒有蟲吃」，雖然是一句老掉牙的古老諺語，卻是成功人士奉為圭臬的第一準則。不可否認，因為早起可以讓自己吃一頓沒有壓力的早餐；因為早起可以讓自己有充裕時間準備今天的行程；因為早起可以讓自己充分掌控生活的步調。或者，因為早起可以讓自己有時間閱讀、思考、運動。而這三項好習慣，若能因為早起而順便培養，就是一舉數得的好方法。

❷ 閱讀：

「閱讀能擺脫平庸，鍛鑄自身生命的質量。」這是文學大師余秋雨的名言。我認為，閱讀是最便宜的投資，也是最珍貴的資產。在學校要讀書，出社會更要讀書。學校讀書為成績，只有分數高低的差別；出社會讀書為考績，卻有收入多寡的差異。很多上班族以為到了職場工作就可以不用讀書，這是完全錯誤的想法。以我近距離的觀察，多數的成功人士，幾乎都是有閱讀的好習慣，才能讓他們的人生更富有幸福。

❸ 思考：

「我思故我在。」人終究要有思考的能力才能判斷真偽與是非。每天不管再忙，留給自己數十分鐘思考是有益人生的。我自己的作法是，固定思考以下這三件事：「我的工作讓自己很開心嗎？」、「我的付出有幫助到別人嗎？」、「我的人生需要多做些或少做些什麼嗎？」統整這三件事，也是我座右銘「對人有益，對己無虧，對事圓滿」的註解。

❹ 樂觀：

若說我是一位熱情的人，我的體內應該有一種DNA叫樂觀。「心向陽，生活喜洋洋；人向善，生命離苦難。」、「樂觀是一種熱情的態度；悲觀是一種冷漠的無助。」是我常常向年輕人分享的兩個句子。樂觀如何培養，我有兩種建議，首先，先去結交比你樂觀的朋友，讓他們樂觀的因子也能感染你。次之，記住一句話，「事情沒有好壞之分，端看你面對事情的態度，決定你是什麼樣的人。」我的樂觀主義就是這樣來的。

5 助人：

「助人為快樂之本」、「施比受更有福」都是千古不變的定律。助人不單只是為了別人，更是能夠成就自己的好方法。在我生命中留下深刻難忘的畫面，幾乎都是因為幫助別人，別人送給自己一抹溫馨微笑的記憶。助人讓人際關係更好、助人讓職場無往不利，助人是一種無與倫比的美麗。

6 信仰

「篤信一種力量，一種來自內心的力量。帶著它面對未來，不管前方多麼險惡難行，生命終將過關。這個力量，名叫信仰。」信仰是一道光，帶你向前行；信仰是一粒沙，帶你看世界。或許是信仰使然，每當在我身上發生好事，我都心存感恩，感謝老天的恩賜。若是發生不好的事，我都當成老天對我的考驗，要讓我從中學習經驗，增長智慧。多年來，這種想法與心態，讓我產生積極正面的能量，更相信，自助後，天必助之的道理。我信仰天，信仰愛，信仰希望，信仰生命終將找到出口。

7 運動

運動讓自己年輕悠揚，運動讓自己容光煥發。運動不僅讓自己更健康，也是釋放壓力的好方法。不管從事哪一種運動，只要持之以恆，規律去做，都能帶來好效果。運動的過程中，也是讓自己思考的好時間。說一個小祕密，我寫這篇文章的發想，就是從跑步當中產生的啟發。你說，運動重不重要呢！

祝福年輕人，學會這七種好習慣，人生必當堅強茁壯。

旅行的意義

約莫八年前，因為《通往花蓮的秘境》這本書，讓我與花蓮產生巨大連結。一次品嚐海嘯咖啡，我認識了巴俗這位長輩，知道老鼠貝果的由來。也因為巴俗的推薦，我住進書琴經營的「自己家」民宿，開啟與慢城的緣分。

「自己家」民宿在我心底有一股濃厚「家」的味道。雖說那是多年前的旅行回憶，但我對民宿裡那些人事物的記憶始終無比清晰，一直難以忘懷。當時，我在旅行筆記是這麼記錄這段回憶的：「就是一間普通民宅，裡面有古老家具，有好多書、好多音樂，好多迷人的擺設與一種令遊子安心的居家氣息。」

我騎著民宿的腳踏車，穿梭在花蓮市區，試著用洪荒之力將整座城市的面貌一次看完。腳酸了，衣溼了，肚子餓了，心情卻不疲憊，這一趟單車小旅行，讓我對慢城的座標有了更進一步的認識。

因為出版第一本書的機緣，我告訴巴俗，希望有機會能到泥巴咖啡舉辦新書分享會，讓我能做一個全省巡迴的講座。巴俗說，當然非常歡迎。也因為這次的活動，讓我有機會與書琴見面。話說，當年我雖住進「自己家」民宿，與書琴一直沒有見過面，卻因這場聚會打開話匣子聊當年。

我告訴書琴，當年我們雖然沒有見面，電話倒是通了不少次。原因是，我住進民宿吃早餐時，有一張用漂流木釘的大桌子要賣，我非常喜歡，後來民宿小幫手請示書琴，書琴與我通完電話，才請貨車司機將這張手工桌子搬運到我家。也就是說，我的一趟小旅行，竟然買了一張大桌子，這是一個難忘的回憶。

書琴經營的「自己家」民宿因為房租到期，房東要回房子而結束營業，書琴轉以經營「住海邊」民宿為主。

幾週後，書琴得知我在台東戶政事務所有一場演講，便熱情邀約我前一天到「住海邊」分享換宿，請我聊一聊和慢城相遇的故事。當下，我好感動，我竟能以旅人的身分，訴說我與花蓮的甜蜜情分。這場分享會，是書琴想要重啟慢城聯盟的開頭。因為在過去幾年，慢城系統幾乎停擺，書琴想要藉由我與慢城的善緣，再度打造新的慢城光輝歲月。

出發了。我從故鄉新市搭乘沙崙線到高鐵台南站，目的地是台北。再從台北車站轉乘普悠瑪號，只花兩個小時整，就到花蓮。很難想像因為交通的便捷，讓我從台南到花蓮不用四個小時就可以到達。

記得蔣勳老師曾經說過一個有趣的旅行小故事。故事開始前他感嘆著，現代人都太急了，台北到高雄搭高鐵不用兩小時就可以到。至此，只要一趟車程超過兩小時，就會開始焦躁不安。

有一回，蔣勳老師與朋友到大陸新疆自助旅行，因為幅員廣闊，雖有地圖與導航，還是免不了問當地人怎麼走，深怕一個岔路走錯，就會迷路。他下車問了一位村落的婦人，這位婦人告訴蔣勳老師，你們要去的目的地只要往這條路一直走，開了兩天的車，就可以到達。蔣勳老師當場傻眼。兩天！對於生活在城市的人是多麼不可思議的一件事，可是對於這群鄉下居民，卻是如此簡單平常。蔣老師發現，旅行真的要以慢制快，別急。

分享會來了將近三十個人。我說了幾個故事，表達我對慢城的嚮往與喜愛。尤其我特別談到，因為認識巴俗的緣故，讓我更有機會得以親近花蓮這塊土地，也因為巴俗介紹許多好朋友讓我認識，使我在人與人之間產生溫暖的連結，這是一趟旅行最重要的精髓。在現場，也聽到許多在地朋友對慢城的期盼與想像。總覺得我好榮幸，能夠成為這場分享會的主談人，暢談生命中與花蓮的美麗時光。

旅行的終極目的是「回家」；旅行是為了讓靈魂跟得上自己的步伐；旅行是為了成為更好的自己。「在旅行中生活，在生活中學習。」是我在這場分享會的結論。透過這場旅行，讓我有機會認識更多的新朋友，也看見新的人生風景。有好多故事想要記錄書寫，好多溫馨畫面想要深藏心底。這都是我的功課，值得認真對待。

再一次謝謝書琴與巴俗的邀請，讓我重溫往日情懷。那一陣太平洋的風，那一道微光的日出，與好友間的嘻笑話語，都讓我回憶滿載，充滿幸福光彩。

POST

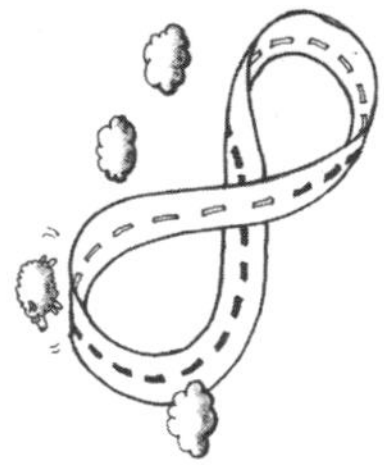

麥田航區 2

從卡關中翻身：

45則勵志故事翻轉人生窘境，菜鳥、老鳥不可不知的職場破關指南！

作　　者　吳家德
責任編輯　林秀梅　張桓瑋

國際版權　吳玲緯　蔡傳宜
行　　銷　艾青荷　蘇莞婷　黃家瑜
業　　務　李再星　陳玫潾　陳美燕　枡幸君
副總編輯　林秀梅
編輯總監　劉麗真
總 經 理　陳逸瑛
發 行 人　涂玉雲

出　　版　麥田出版
城邦文化事業股份有限公司
104台北市中山區民生東路二段141號5樓
電話：（886）2-2500-7696 傳真：（886）2-2500-1966、2500-1967
E-mail：bwps.service@cite.com.tw
發　　行　英屬蓋曼群島商家庭傳媒股份有限公司城邦分公司
104台北市中山區民生東路二段141號2樓
書虫客服服務專線：(886)2-2500-7718；2500-7719
24小時傳真服務：(886)2-2500-1990；2500-1991
服務時間：週一至週五09:30-12:00；13:30-17:00
郵撥帳號：19863813　戶名：書虫股份有限公司
讀者服務信箱E-mail：service@readingclub.com.tw
歡迎光臨城邦讀書花園　網址：www.cite.com.tw
麥田部落格：http://blog.pixnet.net/ryefield

香港發行所　城邦（香港）出版集團有限公司
香港灣仔駱克道193號東超商業中心1樓
電話：(852)2508-6231　傳真：(852)2578-9337
E-mail：hkcite@biznetvigator.com

馬新發行所　城邦(馬新)出版集團【Cite(M) Sdn. Bhd (458372U)】
41, Jalan Radin Anum, Bandar Baru Sri Petaling,
57000 Kuala Lumpur, Malaysia.
電話：(603)9057-8822　傳真：(603)9057-6622
E-mail:cite@cite.com.my

設　　計　萬亞雰
筆記頁插畫　米烏設計
排　　版　宸遠彩藝有限公司
印　　刷　沐春行銷創意有限公司

初版一刷　2017年1月5日
初版八刷　2019年12月24日

定價／320元
ISBN：978-986-344-421-3

城邦讀書花園
www.cite.com.tw

國家圖書館出版品預行編目資料

從卡關中翻身：45則勵志故事翻轉人生窘境，菜鳥、老鳥不可不知的職場破關指南！ / 吳家德著.-- 初版. -- 台北市：麥田，城邦文化出版；家庭傳媒城邦分公司發行，2017.1
面；　公分. -- (麥田航區；2)

ISBN 978-986-344-421-3(平裝)

1.成功法　　2.生活指導

177.2　　　　105024718

讀者回函卡

cite城邦媒體

※為提供訂購、行銷、客戶管理或其他合於營業登記項目或章程所定業務需要之目的，家庭傳媒集團（即英屬蓋曼群島商家庭傳媒股份有限公司城邦分公司、城邦文化事業股份有限公司、書虫股份有限公司、墨刻出版股份有限公司、城邦原創股份有限公司），於本集團之營運期間及地區內，將以e-mail、傳真、電話、簡訊、郵寄或其他公告方式利用您提供之資料（資料類別：C001、C002、C003、C011等）。利用對象除本集團外，亦可能包括相關服務的協力機構。如您有依個資法第三條或其他需服務之處，得致電本公司客服中心電話請求協助。相關資料如為非必填項目，不提供亦不影響您的權益。

□ 請勾選：本人已詳閱上述注意事項，並同意麥田出版使用所填資料於限定用途。

姓名：__________ 聯絡電話：__________

聯絡地址：□□□□□__________

電子信箱：__________

身分證字號：__________（此即您的讀者編號）

生日：___年___月___日 性別：□男 □女 □其他______

職業：□軍警 □公教 □學生 □傳播業 □製造業 □金融業 □資訊業 □銷售業

□其他__________

教育程度：□碩士及以上 □大學 □專科 □高中 □國中及以下

購買方式：□書店 □郵購 □其他__________

喜歡閱讀的種類：（可複選）

□文學 □商業 □軍事 □歷史 □旅遊 □藝術 □科學 □推理 □傳記 □生活、勵志

□教育、心理 □其他__________

您從何處得知本書的消息？（可複選）

□書店 □報章雜誌 □網路 □廣播 □電視 □書訊 □親友 □其他__________

本書優點：（可複選）

□內容符合期待 □文筆流暢 □具實用性 □版面、圖片、字體安排適當

□其他__________

本書缺點：（可複選）

□內容不符合期待 □文筆欠佳 □內容保守 □版面、圖片、字體安排不易閱讀 □價格偏高

□其他__________

您對我們的建議：__________

____

廣	告	回	函
北區郵政管理局登記證			
台北廣字第000791號			
免	貼	郵	票

英屬蓋曼群島商
家庭傳媒股份有限公司城邦分公司
104 台北市民生東路二段141號5樓

▼
請沿虛線折下裝訂，謝謝！

文學・歷史・人文・軍事・生活

麥田出版
Rye Field Publications

書號：RL9402　　書名：從卡關中翻身

「看著家德用自己的觀察和生命的經驗，化成一段段文字，來和讀者的職場經驗分享。這四十五個小故事不僅容易閱讀，也一定是你我都會遇到的問題投射。」**——田定豐**

「始終洋溢著正能量，使初識的人難以想像家德曾與大多數人一樣，是個內向、害羞的人，也因此，他的歷程更值得年輕讀者或上班族朋友參考、學習。」**——周添財**

「我相信他的業務精神，緊咬不放的業務精神，絕對跟普通業務不一樣，他擁有的是人文素養十足的業務精神，有耐心、同理心、親和力，最後才是纏鬥力。」**——謝文憲**

最TOP的職場破關術！

以人脈拓展藍圖、用熱情蘊蓄能量；

45則職人故事帶你揮別卡關人生！

一個人不必忙著自己想做什麼工作，重要的是，

清楚選擇某項工作後，要使自己變成什麼樣的人才是。

——吳家德

不管投多少履歷都石沉大海、好不容易闖進面試簡報關卡，卻被毫不留情轟下台；每天忙到廁所都沒時間上，工作爆時又爆肝，卻仍大喊「時間不夠用」！又或想離職提不出勇氣、想跳槽下不了決心，走在工作與人生的十字路口，所有夢想與期待就這麼硬生生被「卡」住！此刻，你究竟還能為自己做些什麼？！

人脈google熱血經理人&正能量發電機吳家德，以本書作為一支清晰路標，替正在職場卡關的你指引方向、加油補血，淬鍊滿滿的勇氣與競爭力。為什麼想做大事，先要從「訂便當」開始？馬斯洛的職場五大需求又是什麼？該如何確實做到「走在老闆後面，想在老闆前面」？人脈幾乎插旗全台的吳家德，透過一篇篇故事邀請好友現身說法，循著以熱情、人脈、態度、學習細心擘畫的「願景地圖」，每個人都可創造源源不絕的工作動能，從「卡關」中翻身，優游在屬於自己的職場藍海！

ISBN 978-986-344-421-3
00320
9 789863 444213
cite城邦媒體
麥田出版
ISBN 978-986-344-421-3
NT$320 HK$107 RL9402
建議分類｜職場勵志／夢想實踐

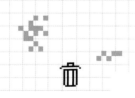